[美国]丹尼尔·M. 海布伦 著　肖舒 译

幸福

牛津通识读本·

Happiness

A Very Short Introduction

译林出版社

图书在版编目（CIP）数据

幸福 /（美）丹尼尔·M. 海布伦（Daniel M. Haybron）著；
肖舒译.—南京：译林出版社，2020.9（2022.11重印）
（牛津通识读本）
书名原文：Happiness: A Very Short Introduction
ISBN 978-7-5447-8163-3

Ⅰ.①幸… Ⅱ.①丹… ②肖… Ⅲ.①幸福 - 研究
Ⅳ.①B82

中国版本图书馆 CIP 数据核字（2020）第 034636 号

著作权合同登记号　图字：10-2020-573 号

幸福 ［美国］ 丹尼尔·M. 海布伦 / 著 肖 舒 / 译

责任编辑　杨欣露
装帧设计　景秋萍
校　　对　王　敏
责任印制　董　虎

原文出版　Oxford University Press, 2013
出版发行　译林出版社
地　　址　南京市湖南路 1 号 A 楼
邮　　箱　yilin@yilin.com
网　　址　www.yilin.com
市场热线　025-86633278
排　　版　南京展望文化发展有限公司
印　　刷　江苏扬中印刷有限公司
开　　本　890 毫米 ×1260 毫米 1/32
印　　张　10
插　　页　4
版　　次　2020 年 9 月第 1 版
印　　次　2022 年 11 月第 4 次印刷
书　　号　ISBN 978-7-5447-8163-3
定　　价　39.00 元

序 言

彭凯平

作为一个心理学教授，这么多年来我经常被问到一个问题，那就是“什么是幸福？”。正如一千个读者心中就有一千个哈姆雷特，每个人对幸福的理解都很不相同。有没有一些基本的、具有普遍性的元素，可以让人们在不同的观念中找到那些关于幸福的共同启示呢？

对幸福的感受可能是几千万年的人类进化史选择出来的人类优势。相比其他的哺乳动物，人类在组织形态学方面有一些独一无二的特征，比如狭短的骨盆、裸露的表皮、健硕的大脑等等，所有这一切形态特征催生了很多人类独特的心理和行为特性。我们喜欢思考、有智慧、会交流、爱说话、有责任心、心地善良、重视合作、理解他人等等，这都是人的本领，其他野兽在这些方面的能力都不如我们。过去，学者们片面地解读达尔文的进化论，产生了社会达尔文主义，造成二十世纪人类巨大的互相残害，带来各种形式的冲突，引起战争和种族清洗，最终害苦了我们。而我们积极心理学家认为，弘扬人的积极天性，方能道法自然，让人幸福。举一个特别简单的证据，人类有一对重要的神经叫迷走神经，这是人体内最长最古老的神经通道，发源于脑干，通过咽喉、颈部抵达心肺内脏，再到贲门附近。长期以来，科学家以为迷走神经只跟呼吸、消化、心脏活动和腺体分泌有关系，后来才发现它与道德、快乐、幸福行为密切相关。当迷走神经张开时，人们就特别开心。人类站起来以后，迷走神经自然而然就是舒展的状态。当你看到美好的事物，你会有什么反应？一定是抬头挺胸、心胸开阔，此时迷走神经便充分舒展。当你发现事情糟糕时，会大喊“哎哟”，声音短促、急迫，此时迷走神经就受到压迫。

哲学家康德曾经说过一段意味深长的话：“有两种东西，我对它们的思考越是深沉和持久，它们在我心灵中唤起的惊奇和敬畏就会日新月异，不断增长，这就是头上的浩瀚星空和心中的道德定律。”为什么仰望星空和思考道德会产生一模一样的反应？康德是个哲学家，他不知道原因，但是他有这种体验，这其实就是迷走神经张开之后自然而然带来的体验。

幸福也不是简单的快乐，幸福是一种有意义的快乐。在英文里，“幸福”和“快乐”用的是同一个词happy，所以说英文的学者过去一直在争论是幸福重要还是意义重要。其实，我们中文很智慧，幸福与快乐是两个不同的概念，所以二者之间没有矛盾。意义是大脑前额叶的产物，是智慧和理性创造出来的感受，也是各种神经机理和文化的作用。意义的标志是一种智慧的感受。“行到水穷处，坐看云起时”，有人看云舒云卷、落霞孤鹜、鸟欢蝉鸣、花开花谢，都能领会其中之意而生愉悦之情，这就是有意义的快乐。

希望这本书可以帮助人们用科学的视角审视那些"不一样的幸福"，从而帮助大家理性地看待幸福，科学地认识幸福，用人文与进步的历史思想面对生活中的不开心、不快乐，甚至痛苦与悲伤，找到属于自己的幸福。的确，生活总是不能尽如人意，有很多突出的负面事件，类似于今年暴发的新冠肺炎疫情，让人们手足无措、猝不及防，但是内心强大积极的人，总能在这些时候找到生活的快乐，找到生活的意义，找到让自己幸福起来的方法。这是人性的光辉，更是大自然对人类心灵最珍贵的馈赠。

著名作家海伦·凯勒写过一本《假如给我三天光明》，里面描述了她自己一种重要的心灵体验，其实也是对我们所有人的真诚劝告。她说："我想知道为什么有些人在森林里面走了一个小时却什么也没有看到。我一个看不见任何东西的人却看见了无数的事情。我看到一片叶子上对称的美感，我看到银杏树表面那种光滑的触感，我看到树枝上那种粗糙的凹凸不平。我作为一个看不见的人可以给那些能够看见的人一个启示：去善用你的眼睛，就像明天你将会失明一样；去聆听美妙的天籁、悦耳的鸟鸣、奔腾的交响曲，就像明天你将会失聪一样；去用心抚摸每一个物件，就像明天你将会失去触觉一样；去闻花香，去品尝每一口佳肴，就像明天你将永远无法闻到香味和品尝味道一样。"

用心去欣赏生活中的真、善、美。幸福在身边，幸福在眼前，幸福在人间！

献给伊丽莎白

目 录

致 谢

特别感谢以下人士为本书提供的宝贵协助：安德烈娅·基根，安娜·亚历山德罗娃，安妮·玛格丽特·巴克斯利，安蒂·考皮宁，芭芭拉·鲍姆加特纳，博伊斯·纽特，卡罗尔和乔尔·弗里德曼，查德·弗兰德斯，查利·库尔思，戴维·布拉，戴维·查默斯，戴维·海布伦，德博拉·韦尔奇，伊丽莎白·福尔曼，埃玛·马，埃里克·布朗，埃里克·维兰德，埃里克·安杰，热拉尔多·卡米洛，贾森·赖布利，约翰·布鲁内罗，约翰·多里斯，约纳·罗斯，朱莉娅·安纳斯，朱莉娅·德赖弗，洛里·利普金德，尼尔·廷，保罗·多兰，罗伯特·比斯瓦斯-迪纳，罗伯特·沙利文，罗伯特·沃尔夫，萨拉·伯纳尔，斯科特·伯曼，斯科特·拉格兰，肖恩·戴维斯，特鲁瓦·德阿密特，瓦莱丽·泰比里厄斯，以及牛津大学出版社的匿名审稿者。我还要感谢本人所任教科系的系主任西奥多·维塔利神父和圣路易斯大学在本书写作过程中给予的支持。感谢道格拉斯·胡萨克、斯蒂芬·斯蒂克和L. W. 萨姆纳一直以来对本人学术研究的支持与指导，他们都是“幸福”这一哲学研究领域的先驱，没有他们，就不可能有我今天的研究成果。我还要特别感谢埃德·迪纳，他几乎以一己之力开创了近代“幸福学”研究领域，并为此做出了无人能及的伟大贡献。他的人生是本书主旨的真实写照，当然，这不代表他本人认同书中的一切观点。（毕竟，我们这群学者的工作就是受雇对彼此的观点进行驳斥。）不管是从学术还是人品角度来说，我都万分敬仰埃德，这世间少有人能与其比肩。

最重要的是，我要感谢世界上最耐心和敏锐的读者兼顾问，我的妻子伊丽莎白。

第一章

惊人的事实

这些天来，您在睡眠中的平静安详令我讶异，所以我不曾试图唤醒您，因为我希望您可以一直像睡着时那般无忧无虑。我一向认为您生活幸福，故而性情平和，没料到如今大难临头，您还能维持如此轻松、积极的姿态，当真罕见。

克里托对等待死刑的苏格拉底说。

摘自柏拉图，《克里托篇》

传教早期，我曾问过皮拉罕人是否知道我为什么会选择去他们那里。“当然是因为我们这里风景秀丽，既有美丽的河流，又有可口的食物。而且我们皮拉罕人热情友好。”一直以来，皮拉罕人对自己的认知从未动摇分毫。他们生活美满，每个人自幼便受到良好的教养，知道大家应该各司其职、齐心协力，从而营造出一个全员满意的社会。这种自我认同是很难受到外界影响的。

摘自丹尼尔·埃弗里特，《别睡，这里有蛇》

出人意料的幸福感

纵观人类历史，当下可谓最适合人类生活的时期。事实上，经济学家查尔斯·肯尼声称，2000年至2010年是“有史以来最好的十年”。尽管全球仍有诸多地区饱受战火摧残，但人类死于同类之手的概率已经大大降低。比起20世纪前的任何一代人，
1 现代人的寿命已经延长了**好几十年**。目前，全世界人均预期寿命为68岁，是1900年人均预期寿命的两倍还多。赤贫及多种压迫现象均在减少。你我今天所享受的物质和文化之丰盛，是大部分先人无法想象的。依照历史标准判断，我们是**富裕**的。

我们太幸运了，以至于很容易认为那些物质条件更差的人一定生活在水深火热之中，或者至少远没有我们幸福。

然而现实似乎并非如此。以希腊思想家苏格拉底为例，没错，他可谓是哲学的奠基人，也顺带开启了西方文明的源头。但他根本没有看过电视，也没有用过洗碗机、炉子、空调、风扇、电话和钟，他不知衣物烘干防皱球为何物，没有玩过Xbox游戏机，也没有用过iPod、iPad或任何苹果公司的产品。以现代人的眼光来看，苏格拉底所生活的雅典城邦是“不发达”的，因为没有人用过上述任何物品，甚至没有世界银行这样的组织来为他们张罗建造水坝。最富有的一小拨雅典人确实拥有奴隶，这倒是现代人所无法获得的特权（只属于富人而不是奴隶们的特权）。

但是，按照今天的物质标准来看，即便是最富有的这群希腊人也得划入贫困人口的范畴。他们没有冰箱、厕所、卫生纸、抗生素，也没有管用的麻醉剂。夜晚，人们无所事事，只能聊天。

其他娱乐无非是喝喝酒，品品希腊美食，唱些小曲，讲点笑话，仰望一下星空。最多也就是探索一下谁才是共享肉体欢愉的最佳伙伴（参见柏拉图《会饮篇》）。不过我们必须承认，苏格拉底确实算得上高寿。假如不是饮下毒参汁赴死，他还能活得更久。

怎么，话已至此，是不是觉得我们没有必要为苏格拉底掬一捧眼泪了？或许现在你已经意识到，他其实过得非常幸福。没错，苏格拉底的幸福生活已经成为流传千古的佳话。即便在面对死亡时，他还是保持着一贯的乐观与镇定，成为传奇，也被之后众多主要哲学流派奉为幸福和成功人生的典范。人们为苏格 2
拉底贴上了很多标签，但从来没有人觉得他“可怜”。即便是在今天生活优渥的读者看来，不管从哪方面衡量，他都度过了极其成功的一生。苏格拉底的人生没有任何缺憾。

让我们把时间向前快进几千年。一队心理学家进行了田野调查，深入研究三个传统小型社会内人们的福祉水平，他们的研究对象包括阿米什人、马萨伊人和格陵兰因纽特人。阿米什人生活在传统的农耕社会中，生活方式几百年来没有变化。不过，他们乐于接受那些不会对自己的社群价值观和谦逊美德产生威胁的新科技。马萨伊人是游牧民族，居住在排泄物堆成的小棚子内。马萨伊族男子为了证明自己的雄性气概，得用长矛猎杀狮子。格陵兰因纽特人集猎人和采集者为一体，尽管格陵兰或许并不是一个适合猎人和采集者一展身手的好地方。

研究人员采用了不同方式来测量这三个社群中的幸福感和生活满意度，包括测量人们的积极和消极情绪。（这可不是一项简单的任务。组长发现，为了让马萨伊人与这些在他们看来可恶又狡黠的城里人进行最简单的交谈，研究人员必须自愿献身，经历一个极其痛苦的献祭仪式，而这个仪式其实就是用一根滚烫的棍子去灼烧参与者胸前的肌肉和其他部位。哪怕你只是发出微弱的声音，也会被视为懦夫。）表1显示了与其他两个社群相比，马萨伊人自己在生活满意度方面给出的评分。

研究显示，在这三个社群中，人们的积极情绪远多于消极情绪，尤其是活泼快乐的马萨伊人。很多人看完研究数据后，会认为这些“贫困”的群体都要比美国普通**大学生**幸福，甚至其中有两个社群的幸福程度可以与美国顶级富豪相媲美。稍后我们就会讲到，这种结论其实以偏概全了。不过，假如在我们眼中，这
3 些人的生活是一潭苦水的话，很明显，他们自己并不这么认为。

表1　不同社群的生活满意度

满意度高于中性点的社群	生活满意度评分
福布斯榜单上最富有的美国人	5.8
宾夕法尼亚州阿米什人	5.8
因纽特人（来自北格陵兰）	5.8
东非马萨伊人	5.4
国际学生（来自47个国家）	4.9
印度加尔各答的贫民窟居民	4.6
生活满意度测试结果中性点＝4.0	
满意度低于中性点的社群	**生活满意度评分**
印度加尔各答的性工作者	3.6
印度加尔各答的流浪汉	3.2
美国加利福尼亚州的流浪汉	2.9

备注：“生活满意度评分”源于接受调查者评估自己对于“你对自己的生活感到满意”这句话的认可程度，分值从1分到7分，1分代表非常反对，7分代表非常同意。此表格中的生活满意度评分基于该评估结果。

在关于幸福的跨文化研究中，与此类似的结果比比皆是，甚至最近出版的一部研究全球范围内幸福感演变趋势的学术巨著，也将“幸福的乡下人和悲惨的百万富翁之悖论”作为副标题。盖洛普世界民意调查是迄今为止关于人类福祉最权威的国际性研究，有来自155个国家的136 000多人接受调查，采用了多种多样的测试方法来评估人们的生活满意度、情绪体验和其他生活质量体验指标。那么世界上最幸福的国家在哪儿？根据其中一项生活满意度测试，冠军是丹麦，一个常年霸占此类测试结果榜首的国家。

在日常体验方面，也就是说，对于生活有多么快乐或令人情绪畅快这个问题的回答，冠军得主是巴拿马。在该项测试中，美国名列第57位。在生活满意度方面，美国的排名终于变得比较体面，名列第14位。 4

哥斯达黎加这个国家虽然贫穷，但它没有军队，同时还拥有健康的民主政体和全民医保，人口预期寿命可与美国媲美。该国在日常体验评估中排名第五，在生活满意度调查中排名第六。（插播一则逸闻，不久前，我询问一位在哥斯达黎加居住过的年轻女性，想知道上述研究结果是否符合她在当地的经历，她似乎觉得我实在是太愚蠢了，竟然会问出这样的问题。她的原话是：“**当然**符合。那里每一个人都很幸福。”）在这两个榜单上打败哥斯达黎加的富裕国家只有荷兰和几个北欧国家。这种结果也很常见。

你可能会质疑这些研究是否可信，稍后我们再来讨论这个问题。不过，根据幸福研究学者和很多人对上述这些国家居民的个人观察，以上排名似乎有理有据。现在，以语言学家丹尼尔·埃弗里特最近出版的一部作品为依据，我们来看一下物质条件极度贫乏的社群表现如何。在他的新书《别睡，这里有蛇》中，他描写了亚马孙丛林中的皮拉罕民族。皮拉罕人以狩猎和采集为生，埃弗里特与他们一起生活了很多年。就连以狩猎采集文化的标准来看，皮拉罕人的生活条件也着实艰苦。然而，在书中埃弗里特写道：

> 我从未听过任何一个皮拉罕人抱怨他（她）在为什么事情烦恼。事实上，据我观察，皮拉罕人的语言中根本就没有**烦恼**这个词。美国麻省理工学院脑与认知科学系的心理学家曾组团访问皮拉罕人。他们表示，皮拉罕人是他们见过最幸福的人。我问他们如何才能证明这项结论，他们告诉我，可以记录皮拉罕人平均花在微笑和大笑上的时间，并与其他社群中的人（比如美国人）进行比对。这些专家还预言，皮拉罕人一定可以轻松获胜。

很多书籍文章中都有类似记载，此为一例。另一位学者也向我披露过他与一个狩猎采集部落共同生活的细节。在他看来，该部落的成员非常享受自己的生活方式，而且他也认为这群人的生活质量很高。部落中有些人曾经离乡打拼，并且在现代社会中取得成功，最终却依然选择回归丛林生活。他们之所以会做出这样的选择，一部分原因是“鱼儿离不开水”，在陌生环境里，任何人都会感到不适；另一方面也因为他们在文明社会中遭到歧视；同时，他们也确实更喜欢自己原本的生活方式。这个部落曾经拒绝接受外界向他们提供改善物质生活水平的援助。他们之所以生活幸福、安之若素，并不是因为他们不了解等离子电视有多么神奇。他们知道有这些东西存在，只是不在乎自己是否拥有。

图1　马萨伊族妇女

不过我们也不该因此就妄下断言，以偏概全。长久以来，学术界有一个可悲的传统，就是将土著人民的生活描绘成一种理想化的、田园牧歌式的人生，实则将他们贬低成了我们幻想中的 6
道具。或许是为了与这种居高临下的论调划清界限，某些评论员又会费尽周章，将土著人民刻画得恶毒或者可悲，坚决不用积极的语汇来描述他们的生活方式。这些文字同样是令人作呕的垃圾，但在这里我就不花篇幅来驳斥了。有兴趣的读者可以亲自去读一下此类著述，你们将自有论断。

不过我们可以解释一下浪漫主义研究为何不可取。其原因在于，每个人都有自己的困难。不管某些猎人生活得多么幸福，他们的寿命依然相对短暂，子女的死亡率也很高。曾经有不止一个土著居民告诉我，他们对于西方文明无甚兴趣，唯一羡慕的就是我们的医疗体系。但医疗体系实则包含很多方面。假如这个课题不是这么深奥的话，我也就不需要写这本书了。如果你们读过埃弗里特对皮拉罕人的完整描写，就会注意到尽管他对该社群幸福生活的记录合理可信，同时他也明确指出，皮拉罕人的生活远远称不上完美。（他们的人均预期寿命约为45岁。）

要说贫困人口中有很多远未达到心盛的状态，这绝非无稽之谈。在世界范围内，贫困依然是导致不幸福感的主要源头。在描写狩猎采集文化时，埃弗里特本人也曾指出：“我的研究对象中，有很多人常常闷闷不乐，离群索居。他们既渴望保有部落文化的自主权，又期盼获得外部世界展现的物质享受，因而进退维谷，饱受折磨。”

但紧接着他又补充道：“皮拉罕人并没有这样的矛盾。”他们喜欢我们的物质条件，但并不觉得为了获得这种生活所经历的烦恼是值得的。他曾在别的文章中记录过一次与皮拉罕人的交流。当时，他告诉皮拉罕人自己的继母自杀了，那是一个悲伤的故事，但在场的皮拉罕人却哈哈大笑。这并不是因为他们为人刻薄，而是他们实在无法理解为什么会有人做出这样的事情，简直荒谬到好笑的程度。他们非常了解肉体上的痛苦，但很明显，他们对于那种能够驱使某人结束自己生命的灵魂痛苦一无
7 所知，因此感受不到那种强烈的孤寂。

世界很大，有很多种贫穷，更贴切的说法是“不富裕”。我们得格外小心，不能用单一的概括来描述一个庞大的人群。尽

管我们观察到某些物质条件匮乏的人似乎过着幸福或不幸福的生活，也不能因此推断所有跟他们条件一样的人都幸福或者不幸福。

那么问题来了。以现代文明的传统观点来看，只要世界上存在着**任何**物质条件如此贫瘠、生存环境毫无发展可言的人群，并且他们的生活就算不比我们这些相对来说的富人更好，却依然看似不错，这就已经很不可思议了。**只要有一个这样的社群存在，或者哪怕只要有一个像苏格拉底这样的人存在，都会促使我们提出一些非常深奥的问题**。任何文明社会都应该仔细思考这些最基本的问题。怎么可能有人拥有如此少的物质财富，却仍然度过了丰富而又充实的人生？他们究竟是如何获得幸福的？并且，幸福到底是什么，人生当中真正重要的又是什么？我们究竟应该优先考虑哪些方面？

让我们来设身处地思考一下。假设你躺在床上，已经奄奄一息。此时你最想重新体验一次的人生经历是什么？你最放不下的是什么？但凡你的心智只是略微正常，我都可以猜到你的第一反应是什么——多陪陪你爱的人。我敢打赌，不管在世界哪个角落，大部分人都会选择这个答案。除此之外还有哪些选项？每个人或许都有不同的喜好，不过我想最受欢迎的应该是以下几项：再欣赏一次日落；再看一眼绿树或大海；再听一次鸟儿鸣唱。

最不可能出现在榜单上的选项应该是最后再敲一次手机屏幕，或是最后再逛一次购物中心，又或者，最后再上一天班怎么样？

在人生旅程中，时间就是货币。等到70岁的时候，穷人和富

8 人所拥有的时间资产一样少。如果你能把时间都用来陪伴你爱的人，用来见识这个无与伦比的美丽星球上的种种奇观，那你已经可以算是获益良多。假如你同时还在从事有趣的活动，也没有受到太多身体或情感上的伤痛折磨，那你的人生几近完美。

并非只有富人才能享受以上这些快乐，很多缺衣少穿的穷人都能做到。没错，金钱可以提供助力。但很多有钱人没有享受到任何快乐，反而被自己缺少的东西所折磨，活得非常痛苦。物质条件不那么丰富的人一样可以获得美好人生。之后我们还会讲到，某些一直无法获得幸福的人其实也可以拥有美好人生。我甚至可以斗胆提出，大部分人一生中都会体验足够的爱、足够的美和并不过量的痛苦，所以他们都能真心承认自己的人生挺美好的。现在让我们回过头去看看表1中印度加尔各答贫民窟居民的生活满意度评分，其结果要高于中间值，而且加尔各答别名欢乐城。没错，那里的人民生活艰辛，但对大部分人来说，生活还算美好。

定义幸福

我们必须进一步明确幸福的定义到底是什么。你可能会怀疑，给幸福下定义这件事本身究竟有没有意义。毕竟，很多人都认为幸福是无法定义的。这个词有太多层含义，或者说本身是一个非常模糊的概念。幸福是一张空白的画布，我们可以尽情将自己的憧憬投射在上面。所以试图制造出一个关于幸福的理论，就像堂吉诃德向风车发起挑战一样。

但事实果真如此吗？我可不这么认为。我们首先要记住的，就是不要以为任何关于幸福的单一解释可以囊括我们使用这个词所代表的一切含义。当然，人们确实常常使用这个词来指代某些我们在意的事情。所以我们可以问问自己，到底为什么**在乎**幸福，某些现存的定义是否符合我们的实际顾虑。假如幸福的某项定义无法帮人理解究竟为何要在乎这样的事情，那就说明这个定义没有什么用处。 9

总的来说，我们可以**重新解构**幸福的一般概念，从日常关于幸福的抽象讨论中汲取精华，打磨成一个新的概念，来帮助我们进一步研究影响幸福的主要因素。与其明确定义“幸福就是什么”，我们不如说“将幸福理解成什么会很有帮助”。

你还想知道有没有别的选择？那就保持沉默吧。别再试图弄清人们到底该不该如此重视幸福。别再费事询问我们的生活方式究竟是在助长还是阻碍幸福。别再担心你的孩子是否感到不幸福，或者你的离婚究竟会不会像你自己以为的那样让他们更幸福。因为所有这些问题都没有确切意义，它们的重要性也因此悬而未决。

我们当然可以保持沉默，但这似乎是一种愚蠢的做法。在我们的日常语汇中，“幸福”是一个非常重要的核心词，人们随时都会用它来思考或谈论自己关心的东西。这个词与我们的实际顾虑和实际困难息息相关，因而我们这些领取工资来研究此类课题的人更有责任帮助人们以相对清晰和睿智的方式来思考这些问题。为此，我们有必要弄清人们究竟使用“幸福”来谈论哪些重要的东西。我们需要一项关于幸福的理论，需要给幸福一个定义。这个词本身并不重要，重要的是我们用它来指代什么。

本书中，“幸福”只不过是一个用来指代某种心理状态的词语。接下来，我们将会研究这究竟是哪种心理状态，是什么造成了这种心理状态，以及这种心理状态在美好人生中的重要性。

幸福不过是一种心理状态，这可能会让有些读者很失望。难道人生中没有其他更重要的事情了吗？当然有，大部分哲学家都这么认为，我也表示同意。幸福极其重要，但不一定是唯一重要的事物。这种观点也会令某些人垂头丧气，因为你们可能
10 会以为从**定义**上来说，幸福只是衡量美好人生的标准。或许当你拿起这本书的时候，正在认真思考人生中究竟还有哪些重要的事情，你想知道的绝不仅仅是一种心理状态。你希望本书可以探讨生活中真正重要的东西。因此，读到这里，你或许已经想，是不是该把书拿回去退掉？

我们会按部就班地讲到那个重要问题的。幸福这种心理状态着实吸引大众的注意力，因此，想充分理解应该如何追寻幸福，我们必须先弄清楚，哪些大体会是美好人生的重要影响因素。

本书讨论的幸福（happiness）指的是一种心理状态，不过其他著作中有时会用这个词来指代一个蕴含了价值观取向的概念——**福祉**（well-being）。福祉指的是拥有对你来说顺利的人生。当古希腊哲学家亚里士多德（公元前384—公元前322）发表对于“幸福”的看法时，他使用的词是*eudaimonia*，指的也是价值观层面的幸福。他的主要目的不是为了理解作为心理状态的幸福，而是想知道究竟哪种人生才会令人获益，满足他的兴趣，或者让他过得更好。假设有一个人过着极其消极的快乐生活，日子过得像猪一样，任凭自己的潜能白白浪费，他的人生算不算顺利呢？这就是一个关于价值观的问题，而非心理学问题。为了避免读者困惑，当探讨究竟哪些因素能使人受益时，我会使

用“福祉”这个词，而用“幸福”来指代一个心理学概念。

至此，我们已经将关于幸福的讨论缩小为一个心理学问题。秉持着这一点，我们可以列出三点关于幸福为何物的基本理论：

1. 情绪状态理论：幸福就是一种积极的情绪状态；

2. 享乐主义理论：幸福即快乐；

3. 生活满意度理论：幸福就是对你的人生感到满意。

大致来看，前两种理论将幸福当成一种**感觉**，而生活满意度 11
理论则主要将幸福与否当成一种对个人生活的**判断**。在接下来的两章中，这两派理论的区别会愈发明显。

研究“幸福”的心理学家经常从**主观幸福感**的角度来进行讨论。主观幸福感分为两部分：生活满意度和积极的情绪状态。本质上来说，关于幸福的主观幸福感观点融合了上述的理论1和理论3。我会将这种观点先放在一边，因为我认为它会导致人们将两种差别很大的概念混为一谈，毫无帮助。我们最好不要将主观幸福感理解成幸福的同义词，而是将其当作一个可以全面概括福祉、具有心理学含义的名词。

关于本书

本书中谈及的幸福终将囊括这个词的两个主要方面：一种心态，以及一段顺利的人生。说得更宽泛一些，本书将通过幸福的不同角度来阐释好好生活意味着什么。我希望能够将本书呈现给形形色色的读者。一方面，我希望这本书能够引导各个年龄的普通读者，让他们思考他们人生的重中之重是什么。另一方面，我也不希望自己只是简单地回顾已有的研究成果，因此，我还尝试进一步丰富关于幸福的学术理论。

幸福：一本超级精简的通识读本

如果你真的很想加快节奏，并且只想知道幸福是什么，以及如何获得幸福的话，你可以只读以下四章：第一章，第二章，第五章，以及第八章。

作为一本通识读物，本书无法面面俱到。并非关于幸福的每一项重大科研成果都会出现在这本书中。更遗憾的是，本书没有过多谈及西方社会以外的幸福研究，也没有深入挖掘其宗教含义。这在一定程度上体现了我本人的局限。但本书的优点在于，它反映了西方世俗理念在人们追求幸福的过程中日益增长的影
12 响。因此，尽管我希望本书内容能够令世界上大部分国家和地区的读者产生共鸣，一些重要的传统理论却不会在书中出现。

虽然人际关系在个人追求幸福的过程中起着非常重要的作用，但人们鲜少注意到社会对于幸福感的影响。然而追求幸福并不仅仅是个人层面的事情，我们能有多幸福很大程度上取决于我们周围的人，以及我们所生活的社会。在我们追求幸福的过程中，一些最为紧迫的问题其实都牵涉到我们大体上如何实现人生成就，以及这个过程对于我们的人类同伴有什么样的影响，更别提这对我们深深依赖的自然世界会有什么样的影响了。我撰写本书，也有一部分原因是为了我的孩子，他们在将来追求幸福的过程中并不会一帆风顺。如果不为我们自己，我们也可以为了下一代而重新思考追求幸福的方式。在我看来，当今许多国家的人民追求幸福的主要方式不但没有效率，而且具有毁灭性，常常会适得其反。不过那些问题留待另一本书再

做讨论。

在撰写本书的过程中，我并没有试图保持客观，而是主要着力于发展出一套连贯且有条理的关于幸福的理论，并找出合理追寻幸福的方式。保持冷静客观不是一件非常有趣的事，更何况我在其他文章中已经满足了那些喜欢这种文风的读者。尽管如此，我在本书中还是会尽量表现不同观点的可取之处，希望能够帮助读者得出自己的结论。

那么，第一步，让我们先来看看幸福可能是什么样的。 13

第二章

幸福是什么？

日记，8月8日

日落时分，池塘边。一只鸥落在池塘中的标杆顶端，大声地叫着。忽然，一只燕鸥滑入视野，踏波而过，在浅滩上留下一道细小的水纹。水纹很快散去。在这里，没有什么是永恒的。沙和水……印记不会长存，唯有观点，唯有想法……在这里，我们和生活的真相之间仅有一层薄纱。在我看来，应当捅破这层纱。过去几周，我习惯了大脑停摆的状态，不怎么思考，也不做梦。我的存在毫不费力，不受痛苦干扰，也没有喜悦来撩动心弦。我不需要诵读经文，也不必身处安静的房间。我已然陷入冥想之中。

摘自罗恩·海布伦，《岛》

怒放的生命

咔嗒一声。吱吱吱吱！钓线以极快的速度从线卷释出。只听一声中气十足的吼叫："鲯鳅鱼——"几秒钟后，另一支拖钓鱼竿也摆了出来，又一条钓线撒了出去。两条鲯鳅鱼上钩了。只要能钓到两条，就说明附近或许存在鱼群。（鲯鳅鱼与吞拿鱼类似，它们跟人们喜爱的哺乳动物海豚并没有什么关系。）大乔的双眼闪闪发光，他记录下海藻丛的位置，然后丢开舵盘，抓住其中一支钓竿，他的朋友马克则抓住另外一支。这是商业性捕鱼，并非业余消遣，所以渔具非常沉重，也没有时间可以浪费在戏耍猎物上。很快，两条20多磅重的大鱼被拖上甲板。小船掉 14
转头去寻找新的猎物。活的鲯鳅鱼非常美丽，它们的色彩鲜艳夺目，金色、绿色和蓝色掺杂在一起，然而一经捕获，这种鱼便会迅速失去绚烂的色彩。有时，乔会为自己猎杀这种可爱的生物而感到一丝悔恨。但今天不会。眼下他全情投入，注意力高度集中在猎物上。当他们再一次成功钓上两条鲯鳅鱼时，乔发出欣喜的欢呼。

拖钓鱼竿又传来动静，钓线成功捕捉到更多鲯鳅鱼。"老天爷啊！钓线都热得烫手啦，而且……（此处听不清）"可以听出，渔夫们已经成功捕获几十条鱼，足够从中获得丰厚的利润。乔非常满意当天的成果，驾驶着他23英尺长的"海象号"渔船，开启了返航之路。"海象号"是一艘简朴的实用型小船，配有水星牌双排舷外发动机，采用开放式驾驶舱设计，所以并不适合胆小的人。此外，乔和他的同伴只能凭借罗盘和双眼来导航，常常深入墨西哥湾流离海岸40英里的地方渔猎——胆小的人绝对干不了这活儿。回家意味着首先只能以每小时6英里的速度缓慢地花几小时逆流而上，之后，渔夫要精准地找到自己的目标——一个水湾入口，说不定只有一英里宽。找到入口后，还必须穿梭于海岸边最危险的一段水域，通过油门和舵轮来避免被海浪侧面夹击或引起船身剧烈颠簸。同时，只要一不留神，小船就会被海浪的间隙吞没，整艘船瞬间倾覆。若真如此，你的尸体可能会让螃蟹们大快朵颐，饱餐一顿。

不过大乔·弗莱彻可是个中高手。在返家的漫长航行中，他一言不发、心无旁骛，全神贯注地观察着大海、天空和船。假如你问他当时有什么感受，他会回答“啥也没有”。他全身心投入眼前的工作中。经过水湾入口时气氛有些紧张，不过一旦小船驶入相对较为平静的海峡内水域，紧张的气氛便迅速烟消云散了。回到码头后，男人们一边清理鲯鳅鱼，一边喝着罐装啤酒，有说有笑，还跟同行和路人互相打趣。乔把一些鱼排分给马克，自己留了一些，剩下的将运往当地餐厅，在幸运游客的餐盘中作为夏威夷名菜“mahi mahi”出现。（当地人称这种鱼为“海豚鱼”，但有些食客很抵制这个名字。）

夜晚来临，乔和妻子帕姆打算出门散步，踱回码头，加入欣赏夕阳的人群。不过突然有朋友来访，于是一群人在他们家的门廊上度过了这个夜晚，不时传来的笑声伴随着蟋蟀的合唱、蛙声和蝉鸣。一小时后，又有一群路人加入这欢乐的聚会。有人拿出几把吉他，小乐队为夜间合唱团注入了独特的乐章。

乔的生活并非一帆风顺，他也曾经历情感问题和财务困难。不过现阶段，他的生活挺美好的。捕鱼生意非常稳定，再加上一些零散的木工活，负担家用不成问题。他不需要太多现金，毕竟房子是自己建的，一切维修工作自己都能搞定，修船和卡车也不在话下。通过和邻居以物易物，乔和妻子还能换到很多东西。

从里到外，乔都是一个响当当的汉子。他蓄着红胡子，身材高大，体形比常人略微魁梧一些，声如洪钟，与人交往颇为自信，气定神闲。他不轻易发怒，也不爱杞人忧天，毕竟人生中总会遇到问题，担心也没什么用。乔还是一个非常大气的人。他头脑机智，亲和爱笑，积极向上，充满活力。平时行事从不鲁莽，不以奸诈之心待人，是一个靠本事吃饭的独立男人。从一家本地的船坞离职后，乔更是将自己的本性发挥得淋漓尽致。整天对别人唯命是从的生活向来不合他的胃口，让他觉得自己渺小得很不自然。自由自在总比为五斗米折腰的工薪族要好，就算生活中缺东少西也没关系。大乔·弗莱彻是自由的，也充分感觉到了自由。

你或许很快就会相信乔是一个幸福的人。但你是基于什么做出这个判断的呢？上文的所有描述都没有提到乔本人对这个问题的看法。你也可以想象，他说不定从来没有思考过这个问题。

在判断乔是否幸福时，就像在现实生活中判断某人是否幸福一样，我们依据的不是什么民意调查，而是直接观察这个人：他们的步伐是否轻快有活力？他们是否看起来神情紧张，无法放松？他们是否充满自信地做自己？他们是不是看起来“怪怪的”？他们爱笑吗？是不是很容易生气？是否稍有不顺便会崩溃大哭？ 16

我认为，提出以上这些问题是为了尝试评估一个人的整体**情绪状态**。“情绪”这个词或许有些误导，因为它代表着一种狭义的、以感觉为主的描述，如喜悦或悲伤、恐惧或愤怒。但紧张根本就不是一种情绪。你的仪态或步伐所表现出的“情绪状态”不同于某种单一的情绪，它要比情绪更深。

有时我们想跨越情绪表达词汇的限制，便讨论起精神或灵魂。想想人们常说的"她兴致高昂"，或者鲍勃·马利①如何恳求爱人来"满足我的灵魂"。不过我觉得这些例子中依然牵涉到广义上的情绪问题，所以我会继续沿用"情绪状态"这个词。

假如这个想法正确的话，那么我们日常生活中大部分时候想到的幸福，指的就是一个人的情绪状态。也就是说，**幸福就是指拥有良好的情绪状态**。我们把这个称作关于幸福的**情绪状态理论**。

现在我们已经有一个对幸福的定义了。这个定义好吗？我们可能没办法拿出单独一个定义，说这**就是**正确答案。但我认为在思考有关幸福问题的过程中，这是一个有用的定义。它能帮助我们理解为什么人们如此看重幸福，为什么家长会希望自己的孩子长大后"幸福和健康"。我会简单论述一下为什么在几个主要理论中我更偏好这一个，但不会深入讨论。我要说明的是，尽管很多人都更倾向于从情绪状态的角度来理解幸福，但我在本书中描述的并不是所有人的共识。其他理论一样拥有广大受众。

幸福的三个方面

让我们来进一步探讨这种幸福观。幸福到底包括哪些方
17 面？当人们从情绪角度来思考幸福时，他们往往会想到一种特定的情绪：感到快乐。由于这种联想威力巨大，以至于人们常常以为幸福只是狭义地指代开心的感觉，或者一切可以用"笑脸"

① 牙买加著名歌手。——编注

表达的感觉。这种对于幸福的理解非常肤浅，因为**获得**幸福比**感到**快乐要复杂得多。

回想一下你一生中最幸福的时期。排除那些为数不多的、因为某件人生大事而欣喜若狂的日子，比如喜获麟儿等，主要回忆那种更为细水长流的幸福。并不是每个人都有这样的经历，但假如你有，我想那应该跟前文描述的大乔·弗莱彻的生活很像，或是跟我与父亲的照片（图2）中那种状态很像——你能够全身心沉浸在你热爱的事物中，充分发挥你的自我，并且无忧无虑地做自己。你会感到精力充沛、活力十足，与此同时却又安稳平和，没有怀疑、没有焦躁、没有犹豫。而且，你还能时常感到快乐，说不定还会笑口常开。但这些感觉并不是最重要的。

图2　作者与父亲一同航行 18

我们可以把幸福分成三大方面来帮助分析。可以说，每一方面都对应了情绪状态在我们生活中的不同功能。不过在本书中，我就不进一步论证这种对应为何成立了，而是直接展示这种观点。

我们可以把幸福当作一种对于自己人生的情绪评估。对于某些方面的评估会比其他评估更加基本。最基础的幸福指的是你对于个人安全和保障程度的反应，也就是说，你究竟是降低警戒、充分享受人生，还是对这个世界充满戒备。我将这种状态称为人与自己的人生达成**协调**。接下来，我们要研究的是人对于自己在自身处境中的**参与**程度的回应，即你是否认为自己应该在周遭活动中投入大量精力，又或者你认为退出或淡出这些活动才是更明智的选择？最后，我们要研究的是代表**认可**的情绪状态，假如你认可自己的人生，就说明你的生活是美好的。人们常犯的错误就是以为所有的情绪状态都体现了对人生的认可。

幸福的这三个方面都很重要，不同的人生理想所强调的是幸福的不同方面。举例来说，美国人更重视认可和参与，与之对应的情感状态就是喜悦与兴奋；而亚洲文化所侧重的则是协调所带来的幸福感。

认可：感受快乐以及其他典型情绪

让我们先来看看幸福最为人熟知的一个方面——**认可**。最显而易见的例子就是喜悦和悲伤这两种感情。我们不难理解这两种状态为何会与幸福产生如此紧密的联系，因为它们时常与得到和失去、成功和失败同时出现。

但我们也很容易过分强调这些情绪的重要性。尽管促使我们产生快乐情绪的场合非常重要，但快乐的产生很有可能只是个例而非常态，哪怕对生活最幸福的人来说也是如此。而且这种情绪不会维系很久。例如，你会很享受坐拥一大笔财富的快感，随后很快回归到正常生活中。如果我们太注重这种感受，那么就会产生一种既定印象，认为幸福不过是一些快速消散的短 19
暂情绪，最终我们还是会回到性格中与生俱来的开心“设定值”（参见第五章）。

不过我们也不能全然忽视认可所代表的这一类幸福。总体来说，开心快乐肯定比垂头丧气要好。假如不能时常欢笑，生活将死气沉沉。大家常说的“感到幸福”这个说法中蕴含的情绪种类之多出乎人们的意料。例如，我们不应该将喜悦与让人忍不住击掌相庆的兴奋混为一谈。恬静的喜悦应该是父母看着自己熟睡的孩子时体会到的感觉。与之相比，一个球迷看到自己心仪的球队刚刚进球得分时所体会到的那种欢欣雀跃虽然更为强烈，却可能没有前者那么令人感到快乐和满足。

参与：活力与心流

幸福的第二个方面体现了你在生活中的**参与**程度，也就是看你究竟是感到无聊、无精打采、孤僻寡言，还是精力充沛、充满兴趣、全情投入。当你对自己的生活给予肯定时，简单地“点赞”是不够的，还应当满腔热忱地接受生活的馈赠。就算生活并不顺心，例如需要经过努力拼搏才能完成某项困难的目标时，你也能甘之如饴。

参与生活的形式有两种。第一种的核心是能量或**活力**，我们可以用兴奋-抑郁轴来衡量人们的表现。例如，一名充满激情、要求严苛的管弦乐团指挥，可能并没有明显表现出开心或快乐，却依然能达到兴高采烈甚至幸福的状态。我不清楚克利夫兰管弦乐团的著名指挥家乔治·塞尔是否符合这个描述，但很明显，他对生活充满激情，在他身上可以看到一种火花四溅的热忱（图3）。尽管他是一位严厉的上级，却不表示他没有获得幸福的权利。塞尔的幸福主要取决于他的脾气秉性到底是使他处于彷徨不安中无法自拔，还是一闪而过，对他的内在状态没有造成多大影响。

图3　克利夫兰管弦乐团指挥家乔治·塞尔

这种狂喜派的幸福代表了一种激情洋溢的生活方式，代表人物有尼采、歌德以及数不胜数的浪漫主义作家、艺术家。但普通人对这种充满激情的生活的追求没有必要像尼采那样极端。就像乔那样，许多人过着充满活力的美好人生，并不需要经受巨大的痛苦。

第二种参与形式体现在亚里士多德的作品中，现代心理学家米哈里·契克森米哈赖提出的**心流**描述的也是同样的概念。心流指的是当你全身心投入一项活动，尤其是一项很有挑战性的活动中时，反而表现很好的状态。运动员和音乐家一般将这种状态称为“化境”。在心流状态中，你会失去一切自我意识，忘记时间的流逝，达到一种物我两忘的境界。这是一种令人非常快乐的状态，并且处于这种状态之中的人明显非常幸福。心流几乎可以说是无聊的反义词。

当人们陷入抑郁的时候，参与感便显得尤为重要。因为当一个人流露出倦怠、无精打采时，意味着他完全从精神层面丧失了参与生活的热情。这种抽离一直都非常糟糕，有时还会造成混乱。不过有时，抽离也能起到正面作用，因为它的出现表明我们或许不应该继续目前的生活方式，从而帮助我们脱离现有的 21
生活常态，完成重大人生转折。

协调：内心宁静，自信，情绪开朗

要理解幸福的第三个方面，我们可以想象它最常见的表现形式——宁静。现在似乎很少有人追求宁静这种状态。人们总是渴望获得娱乐和感官刺激，内心宁静则听起来非常无聊。“谢谢，给我一颗抗焦虑药帮我赶走焦虑就好，我这就走。”

但我认为，宁静或类似的状态才是我们获得幸福的基石。或许，有些人在缺乏宁静的情况下也能获得幸福，但这非常困难。要解释这一点，首先得弄清楚什么是宁静。我们可以将它当作一种“气定神闲”的感觉，它不仅仅是指内心平静或毫无波澜，还包括一个人对自己发自内心的肯定，或者说自信、稳定和平衡，即“泰山崩于前而色不变”。古希腊人称这种状态为“心平气和”，佛教徒则称之为“安乐”。在古代宗教和伦理思想中，这或许是人们最想达到的一种思想状态。

想想幸福的人看起来是什么样的。微笑意味着认可，神气活现的步伐体现了参与，放松自在的姿态呈现出宁静。这不仅仅是因为这个人没有受到困扰，也不为任何情感所困，还明显可以表现出当事人处于一种非常快乐的状态。保持宁静并不意味着一个人不能精力充沛或者兴奋狂喜，乔的例子已经证明了这一点。

让我们进一步拓展开来，思考一下宁静这一类心理状态代表了什么样的生理状态。当一个有机体生活在熟悉、安全的环境中时，它能够游刃有余地把握周遭环境，便会放低警觉，自信地追逐心中所想。我们所关注的便是人类能不能达到这种状态。斯多葛派曾经提出，当一个人处于这种状态时，他会发现非常**熟悉**自己的生活。这个人会生活得非常自在，简直如鱼
22 得水。

同样，设想一下当你跟家人或亲密的老朋友在一起放松时，你会是什么样的状态。你感觉跟这个人在一起非常轻松自如。当你从生理上处于一种自如的人生状态时，“宁静”就变成了一个狭隘的词，不足以描述你的情况。

我会把这种状态叫作**协调**。在这种状态下，一个人会放松下来，富有魅力，自由自在地生活，不受任何限制。协调的对立面——不协调，不仅仅会给我们带来焦虑，而且更像**疏离**。也就是说，你的环境对你来说显得有些陌生，你会感到不熟悉、有压迫、受威胁。你的自我保护意识会加重，焦虑、压力和不安全感

铺天盖地袭来。协调主要表现在三个方面：

1. 内在平静（“宁静”）

2. 自信

3. 情绪或精神开朗。感到“轻松快乐”，或“不受压迫”。

“自信”在这里指的是一种情绪状态，而不是你对自己的看法。我们常说的“肉体自信”指的就是一个人自如的肢体动作能够体现出这个人自信的情况，反例可以参见尼克松式笨拙的肢体语言。这位前总统的身体和思想表达的完全不是一个意思，简直就是笛卡尔身心二元论的典型。当尼克松朝天伸开双臂，两手同时比出V字，做出他那代表胜利的招牌动作时，假如你碰巧站在他的**身后**，你会立刻意识到，此刻在你眼前的不是一个真正幸福的人。与之相对，我们可以想象一名芭蕾舞者所展现出的运动员式的优雅，这才是正面的例子。

与大众熟知的既定印象相反，我们可以说协调才是幸福的核心。焦虑、压力、不安全感以及类似的状态不仅会让我们不快乐，还会剥夺我们感知幸福的其他方面的能力。在忍受这些不协调的状态时，你或许还是可以偶尔打起精神来，开心一下，但你很难达到兴奋、心流和快乐的状态。从直觉判断，如果一个人饱受折磨、焦虑紧绷、压力过大，那么不管他看起来有多开心，似乎都不可能是幸福的。他的人生并非自由自在。 23

在研究人类福祉的过程中，我们很容易忽视协调的重要性，因为它不像幸福的其他方面那样引人注意。以**压力过大**为例，据说在当今文化中，压力无处不在，然而它并没有得到相应的重视。对于压力的担忧常常被人们当作有钱人琐碎的抱怨从而搁置一旁。这种态度并不稀奇，因为压力并不像背疼之类的肉体痛苦一样占据了我们全部的注意力。它更像一个不起眼的讨厌鬼，而不是什么大麻烦。

然而表象是具有欺骗性的，因为压力最可怕的后果并不是它直接给人类带来的折磨，而是对受害者的腐蚀。（你可能想象不到，我所说的腐蚀甚至有其字面意义，因为压力会在你的基因里留下永久的印记，提高人体未来患病的风险。甚至有充分证据表明，这些基因改变会**遗传**给你的孩子，并且以后还会发生进一步基因改变，更别提长期承受压力会给大脑发育带来怎样的变化了。）

同时，压力还会压迫你的精神，磨平你的心智，扼杀你获得快乐的能力。压力过大的人从生活中所得更少，确实，对他们来说生命的**意义**也在减少。因为他们的注意力变得狭隘，无法轻松享受，甚至无法注意到生活的馈赠。当我们压力过大时，活着的乐趣和缀满我们生活的种种微小的快乐都被彻底排除在外。所剩下的生活通常还可以勉强忍受，却不那么值得拥有。

不久前，一个冬日清晨，世界上最出色的小提琴演奏家之一——乔舒亚·贝尔，在华盛顿特区的一个地铁站拿出他的斯特拉迪瓦里小提琴，为来去匆匆的上班族贡献了长达43分钟的专业大师级演出。其间有1 097个路人经过他的身旁，其中不乏定期花100美元买票去音乐厅听他演奏的人。事实证明，完全没有必要担心现场会被围得水泄不通，因为几乎每个人都彻底无视这位音乐家，只有七个人停下脚步，聆听片刻。

一个平时不太喜欢街头演奏的巴西裔擦鞋匠表示："如果在巴西街头发生同样的事情，所有人都会来围观的。但这里不会出现那种场面。"她还说："人们径直走上电梯，目光直视前方。少管闲事，眼朝前看。每个人都压力很大。你明白我的意思吗？”一名《华盛顿邮报》的记者据此写出一篇题为《早餐前的珠玉之声》的文章，标题非常贴切。唯一一个认出贝尔的行人对这名记者说：

> 这是我在华盛顿见过最令人匪夷所思的场面。乔舒亚·贝尔在上班高峰期间站在那里演奏，却没有人驻足，甚至没有人看他一眼，还有人朝他丢25美分硬币！25美分硬币！我不会那样对待任何人的。当时我就想，天哪，我到底住在一个什么样的城市里，怎么会发生这种事情？

这些忙碌、不协调的行人中大部分都物质条件优渥，然而从某些层面来说他们非常贫穷。在这个例子里，他们是时间上的穷光蛋，这反过来会导致他们的生活中缺乏美和奇迹。这可不是一个可以忽略不计的损失。还记得本书开头皮拉罕人是怎么说的吗？当传教士请他们解释为什么会有人探访他们时，给出的第一个理由就是美。

幸福隐藏的一面

我们对于幸福的描述还不算完整。目前为止，我们只讨论了人们能够感受或体验到的几类幸福。但是幸福远不止于此。我们来虚构一个人物罗伯特，看看他的例子：

> 罗伯特过着非常积极活跃的人生，大部分时间里，他的心情很好，他快乐，面带微笑，并且发自内心地感觉不错。

> 他也相信自己的人生非常顺利，由衷地对自己的人生表示满意。然而当一天结束，在他独自一人、手头不再有工作的时候，他常常感到非常抑郁，有时还会在睡前崩溃落泪。他这种状态已经持续几个月了。

总体来看，罗伯特所经历的快乐和不快乐的情绪比例，也就是
25 他的“享乐平衡”，似乎明显倾向快乐那一边。但是他幸福吗？

在我问到的人中几乎没有一个认为罗伯特是幸福的。在39位读到这个案例的学生当中，只有一个人认为他幸福，大部分人都回答“非常不幸福”。我请约半数学生解释他们的答案，只有一个人表示，实际上，罗伯特的经历整体来看很不快乐。以微弱优势胜出的最常见的解释是这样的：“内心深处，罗伯特的情绪状态很糟糕。”

这个结果非常有趣。很明显，即便你平时自我感觉挺好，但还是有很多人认为你有可能在情绪上处于不幸福的状态！这到底是怎么回事？根据历史悠久的心理学理论解释，很大一部分心理幸福感是**无意识的**。按照这种说法，很多困扰我们的事情其实都潜藏在我们的意识深处。尽管我们常常把这种想法跟弗洛伊德和他的追随者联系在一起，但你不需要信奉弗洛伊德的理论，也可以理解无意识状态在人类幸福感中所扮演的重要角色。确实，如今几乎每个人都已经顺理成章地接受了这个想法，也由此催生了数之不尽的电影和小说人物。在这些作品中，他们的幸福人生只是一个幌子，掩藏了郁积已久的苦闷和不幸，只待合适的契机爆发。举例来说，在电影《美国丽人》中，爽朗活泼的房产经纪人卡罗琳·伯纳姆举止阳光大方，但她的家人中

没有一个会因此就认为她很幸福。她看似明媚的笑容下，隐藏着日积月累、溃烂化脓的痛苦伤痕，她迟早会爆发的（图4）。

在罗伯特的案例中，他工作时表现出的积极向上掩盖了深层的失调，全靠忙碌加以抑制才不致失控。尽管从表面上来看，他的情绪状态是积极向上的，他本人却绝**不**快乐。他是一个不幸福的人。

幸福似乎不只囊括人们可以体验到的各种情绪和心情，还包括我们在**无意识**情况下经历的情绪状态。那么后者究竟意味着什么呢？可能我们需要假定一些无意识状态下的心情和情绪。我不确定目前在该精神研究领域的知识是否足够让我们自信地发表见解。或许重点在于，在罗伯特之类的案例中， 26
当事人更**倾向于**体验某些心情和情绪。例如，有时可能只需要再加上一根稻草的重量，人们就会变得焦虑不安。也有可能

图4　安妮特·贝宁在电影《美国丽人》中饰演的卡罗琳·伯纳姆

一个人整体来说心情不错，但常常很容易被激怒或感到沮丧。仅仅是这种倾向于产生消极情绪的特质就会阻碍我们获得幸福。

我们把幸福的这个层面叫作一个人的**心情倾向**。也就是说，在相同情况下，某些人会更倾向于体验某些特定的心情和情绪。一个人的脾气秉性大致上是固定的，然而他的心情倾向却会随着生活状况发生改变。罗伯特这类案例表明，心情倾向是影响人类幸福感的重要因素。一般来说我们不太重视幸福的这个方面，因为心情倾向会朝我们体会到的感觉看齐。不过有时也不尽然。举例来说，一个男人正在哀悼他不久前离世的爱妻，为了振作起来，他可能会用琐事来分散自己的注意力，如看看电影、玩玩扑克。但他的密友不会因此就认为他很幸福，因为他的

27 镇定和积极都是表象，随时可能消失，转化为焦虑或泪水。

作为情绪幸福感的幸福

那么现在我们可以认为幸福由两部分组成：你的情绪和心情，还有你的心情倾向。这两部分合在一起，构成一个人的情绪状态。也就是说：

> 幸福意味着一个人整体来说拥有良好的情绪状态。

我们可以把幸福粗略地看作焦虑和抑郁的反义词，或是心理学家常说的**情绪幸福感**。考虑到这个专业术语已经有一定传播度，那么接下来我会常常使用“情绪幸福感”来指代“幸福”。

假如以我的学生的反应为参考，罗伯特的案例中有一点

非常有趣，那就是几乎没有人提到关于幸福最流行的理论之一——**享乐主义**。享乐主义者认为，幸福意味着你的快乐体验多于不快乐的体验。享乐主义理论远比情绪状态理论更广为人知，或许是因为人们以为这两种理论之间没有差别。

但就像“罗伯特”的案例所体现的，这两种理论其实并不一样。人们似乎承认罗伯特的经历大部分是快乐的，但是从情绪方面来看，依然会认为他并不幸福。假如人们是以无意识状态作为依据来判断罗伯特并不幸福，那也就是说，享乐主义理论**并不是**人们的判断依据。从定义上来说，无意识状态并不是亲身经历，所以它们也不可能给人们带来快乐或不快乐的体验。

事实上，这两种理论之间的鸿沟颇深。按照享乐主义理论，只要你的一段经历足够快乐，你就是幸福的。幸福就是一连串快乐的经历。而根据情绪状态理论，幸福意味着你拥有某种特定的心理**状态**。衡量一个人是否幸福，就要试图找出这个人的基本情绪取向或行为举止，即从情绪角度来说，他对生活的回应 28
是否积极？假如一个人幸福的话，那就意味着他从情绪上认可自己的生活。

我的同事马蒂厄·里卡德是幸福研究领域的顶尖佛教思想家，他用以下文字表述了一个非常类似的观点：“当我说到‘幸福’这个词的时候，我指的是从一个非常健康的大脑中产生的一种强烈的心盛感。这不仅仅是一种令人心情舒畅的感觉、一种短暂的情绪、一种心情，还是一种最理想的存在方式。”而且这种存在方式“决定了我们人生中每时每刻的质量”。里卡德本人（图5）就是一个很好的例子。众人交口称赞，都说他是一个极 29
其幸福的人，我也这么认为。

图5　佛教僧侣马蒂厄·里卡德和他的朋友

你不用认可我所提出的幸福的三个方面，也不用同意我指出的幸福的无意识状态，不过你还是可以接受幸福的情绪状态理论这一基本观点。假如从不同的角度来思考我们的情绪状态，你或许会更喜欢情绪状态理论的其他版本。有些读者则可能更喜欢另一套理论，如生活满意度理论。接下来我们就来看
30 看这个理论。

第三章

生活满意度

"你妻子怎么样？"

"跟什么相比？"

语出亨尼·扬曼

两个幸福的人？

1958年的一个夏夜。绰号"Pop"的莫里斯·比卡姆拿起一杆猎枪，朝两名县警察开火。两名警察当场丧命。事情发生在种族隔离时期的路易斯安那州，比卡姆又是一个黑人，可想而知，当时的场面给他的未来罩上了一团浓重的乌云。他迅速被判处死刑，关进了臭名昭彰的安哥拉监狱，唯一让人意外的可能就是他竟然没有立刻被人私刑处死。关于本案的一些具体细节一直众说纷纭，但比卡姆坚称，他开枪是为了自卫，并且他是在自己先被开枪打中之后才扣下扳机的。他的辩驳有理有据。据说，那两名警察都是三K党成员，在酒吧外发生一场小争执后，试图谋杀比卡姆。

37年后，人们发现当时的判决并不公正，再加上他本人在狱中表现优异，78岁的比卡姆被放出安哥拉监狱。他一直为自己当年杀死了两名警察表示忏悔。但是在出狱时，有人问比卡姆，如何看待自己在路易斯安那的一座监狱中度过大半生，其中还有14年是死刑犯这件事。“我一分钟也不后悔。”他回答道，“那
31 是一段辉煌的经历。”

唉，可惜没有一位研究幸福的学者以铁窗后的人群作为研究对象。但比卡姆的回答几乎等同于表示他对自己的生活颇为满意，事实上，可以说非常满意。毫无疑问，要是有人询问他对自己的整个人生是否满意，他的答案也是肯定的。正如比卡姆“坚定地”向一位记者表达的那样，“世界上最自由的人就是对于自己眼下所拥有的感到满意的人”。就像很多人遇到困难时一样，他极力从绝境中寻找光明，并且多往好处想：“我能挺过这一切，坚持到出狱，身体和头脑都不算太差，已经非常让我感到高兴和幸福了，感谢上帝赐予我这一切。”他的所作所为没有不合理的地方，甚至让人油然生出敬佩。广播记者戴维·伊赛是极力促成比卡姆重获自由的人之一，他称比卡姆为“我遇过最励志的人”。

让我们假设比卡姆确实对自己的生活感到满意，就算是在身陷囹圄的那段痛苦时光里，大部分时间他也对生活感到满足。那我们能否认为在那些年里他过着**幸福**的生活呢？根据一个广为流传的幸福理论——**生活满意度**理论，答案是肯定的。不过我们还是得注意两点。

首先，这种“幸福”并不能告诉我们比卡姆在监狱中是否过着一种情绪上感到满足的生活，比如他是不是开心快乐、心态平

和、享受人生、充满活力或处于其他任何积极的情绪状态。或许他的情绪状态很积极，但这跟他对自己的生活满不满意是两回事。生活满意度本质上来说是一个人对自己生活的判断，不管你实际感觉如何，都可以对生活做出正面的判断。

无论如何，比卡姆的牢狱生活很有可能根本就不令他快乐或无法让他获得情绪上的满足：毕竟，我们所讨论的地方可是文明世界里众所周知最残暴的机构之一。有人问比卡姆他是否像被埋葬在冰川里5 000年的“冰人”一样，比卡姆回答道：“我不在冰里，我在一个罐头里。有人把罐头打开，于是我爬了出来。”在服刑期间，比卡姆经常通过《圣经》寻找慰藉。他曾 32
经最爱的《圣经》节选出自《诗篇》第31章：“我被人忘记，如同死人，无人记念。我好像破碎的器皿。”如今，作为自由人，他更喜欢《诗篇》第30章中的一段：“一宿虽然有哭泣，早晨便必欢呼。”

在我看来，我们不应该勉强自己相信比卡姆在安哥拉监狱度过了欢乐的人生。而且不管比卡姆本人对他的生活有多满意，用**幸福**来形容“哭泣”的犯人依然很奇怪。

第二点需要注意的是，即便比卡姆对自己的生活很满意，也不表示他认为自己的生活非常**顺利**。事实上，我们几乎可以肯定他并不这么认为，他只不过是觉得比起“在一个罐头里”的人生，重获自由要好得多，其实他很清楚，自己虚度的光阴已经无法挽回。

> 我刚进监狱的时候，只有一个女儿。现在她已经有八个孩子，她的孩子们又生了24个孩子。这一切都发生在我

> 入狱之后。这不禁促使一个人开始思考：“怎么可能在我缺席的时间里发生了这么多事情？”

他也很有可能会想：“算了，虽然我的人生很**糟糕**，但至少我还很健康，头脑也很清醒。上帝赐予我的比我应得的更多，所以我很满意。”

不管是以你自己的标准还是其他任何标准，对生活满意不代表你觉得自己的生活一帆风顺。

因此，就算我们说比卡姆的监狱生活是幸福的，因为他对自己的生活很满意，我们也依然完全不清楚他的情绪生活到底快不快乐、体不体面；我们也无从得知，假如以他自己的标准判断，他的生活到底顺不顺利。这只能告诉我们，不管他的生活有多

33 糟，他自己觉得已经**足够**好了。

这项关于幸福的理论似乎非常诡异。你完全有理由质疑，假如这就是结论，为什么还会有人在乎生活幸不幸福？假如这就是幸福，谁会需要这样的幸福呢？

或许比卡姆是一个较难评估的对象，因为他的性格非常乐观。既然已经有了大团圆结局，可能很难让他再去回想漫漫长夜里的悲伤。

若真如此，那么接下来我要拿路德维希·维特根斯坦这位众所周知饱受折磨的哲学家来供诸位参考。维特根斯坦因病英年早逝，据传他曾亲口说：“告诉人们我拥有精彩的一生。”有时，维特根斯坦会被人们称为20世纪最重要的哲学家，他的一生确实充满乐趣，成就颇丰，因而他对自己的人生做出如此评价貌似非常合理。那么他是否**幸福**呢？请欣赏他的照片（图6）。这

个人看起来好像一出生便看到了鬼魂。甚至不会有人诅咒周围最可恶的孩子将来拥有这样“精彩的一生”，而且我极度希望自己的孩子绝对不要经历维特根斯坦式的精彩人生。这位先生身上所流露出的痛苦气息过于浓烈，以至他的钢琴家哥哥保罗一度对他抗议道：“你在家的时候我简直没法弹琴，隔着门都能感觉到你的讽刺从门缝里朝我涌来！”假如你还是不相信的话，我建议你去看看他在维也纳为他姐姐设计的房子——建筑是维特根斯坦的另一项专业。那座死气沉沉的住宅从头到尾散发出

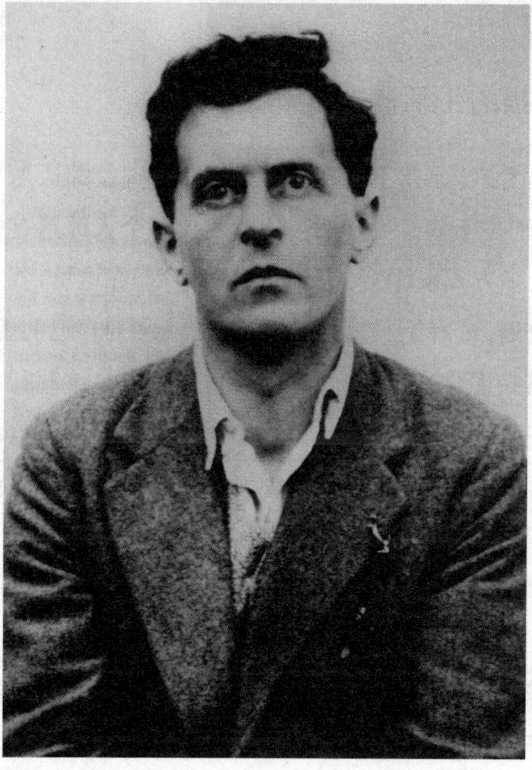

图6　路德维希·维特根斯坦

阴郁的气息，就连维特根斯坦本人也不喜欢它，尽管他辛辛苦苦地在这座房子上投入了两年时间。他的姐姐就更不用说了。维特根斯坦家族有三名兄弟自杀而亡，这个姐姐奇迹般地躲过一劫，哲学家本人则差点成为第四个自杀的人。尽管如此，还是明显可以看出维特根斯坦对自己的人生非常满意。

按照很多学者对幸福的定义，比卡姆和维特根斯坦都是幸
34 福的。在一项调查中，有6%～7%的受访者表示对生活“非常满意”，这些人也是幸福的，尽管他们同时也表示自己“**常常感到不幸福或抑郁**”。他们的这种幸福到底是不是我们所理解的幸福呢？

关于幸福的生活满意度理论

总体看来，享乐主义理论和情绪状态理论都认为幸福与**感觉**有关，而生活满意度一般被认为主要跟**个人评判**有关。我们可以有很多方式来解读生活满意度理论，但在这里，我主要分析一种最普遍、最有说服力的方式。一个人要对自己的生活满意，
35 就意味着按照你自己的标准判断，你的人生足够顺利。也就是说，将所有因素纳入考量之后，你认为人生中有足够自己在乎的事情。因此，生活满意度就是你对自己人生的综合评估。这种关于幸福的理论有其迷人之处，因为这样一来，你便成了自己人生的主宰，你幸福与否取决于你自己认为什么最重要。

人们常常将生活满意度称作“享乐”的产物，也就是心情快乐的产物。他们将生活满意度的测试与感觉的测试混为一谈。这种想法是错误的。我们之所以将研究重心放在生活满意度而非感觉上，就是因为幸福**不**仅仅是一个关于我们快乐与否的问

题。许多人除了自己的快乐之外还关心很多事情，生活满意度则体现了这一点。一位功成名就的艺术家或科学家或许并没有生活得很快乐，但他可能还是对自己的人生感到非常满意，因为他得到了自己真正在乎的东西。生活满意度有其独特的重要性，因为它实则追踪的是人们的价值观。起码表面上看起来是这样。

生活满意度有多重要？

实则不然，至少生活满意度反映价值观的方式跟你想象的不一样。人们可以在感觉很差，**甚至在感觉生活对他们有负面影响**的情况下，仍然感到满意。正如我们在比卡姆的案例中所见到的，就算一个人对自己的生活感到满意，旁观者也完全无从知晓，在这个人的生活当中，他在自己所在乎的领域里是否进展顺利。

为什么生活满意度与我们对自己生活的看法之间联系如此松散呢？有两个原因。首先，生活满意度需要你对生活做出**全面的评判**。然而生活是复杂的，有苦有甜。你可能很高兴自己拥有一份有趣的工作、出众的滑翔技术、有爱的家庭和运转正常的手提电脑，但自己的腰疼、孩子常常一起厮混的怪朋友、你对丈夫撒的谎，以及父母的去世则让你感到沮丧。诸如此类的例 36
子不胜枚举，你在某处得到一些，另一处就失去一些。那么将这些得失加在一起结果如何呢？没有人知道。

人生不是一套按部就班的体操动作。假如你想用一个简单的数字来概括自己的人生，那结果一定非常随机。（就连体操比赛的评分也有随机的成分在里面。）按照你看待事情的方式不同，你可以简单地给自己的人生打4分或7分。然而就算你自己的评分是7，也不表示你的人生就一定比4分的人生要好。这就像投硬币进行选择一样，都是天意。

其次，生活满意度需要你对生活做出特殊的全面评判：你不仅要评判自己的生活是否顺利，还要评判对你来说**够不够顺利**。你的人生令人满意吗？假如你仔细想想，会发现这个问题其实挺奇怪的。跟什么相比令人满意？可能有人会说："跟你自己的目标或抱负相比呗。"但是你得**在多大程度上**实现自己的目标才能算"令人满意"？是实现12%就够了，还是你想要做到74%？或者是100%？这个问题本身究竟重不重要？

一般来说，我们都知道该如何评判消费品是否让自己满意。举个例子，假如你点了一份全熟的牛排，却上来一份生的牛排，那么由于你对食物有明确期望，因此自然而然就会得出结论——生牛排不尽人意，所以你让服务员把它拿回去。但当人生中出现不如意的时候，你该得出什么样的结论呢？人生不是消费品，你不能让人把它拿走升级，也不能下次换去别的地方选购。不管怎么说，人生入场是免费的，你出生了，生活便开始了。因此很难为"足够美好"的人生设立一个标杆。你可能会满足于2分的人生，也有可能8分才会令你满意。就算你对自己的人生感到满意，也有可能只是因为你降低了标准，只有发生特大灾
37 难才会令你感到不满。毕竟好死不如赖活着嘛。

因此，假如你随意制订了一套计算生活中好与坏的方法，那你还得再做一个随意的决定，看看"足够美好"的标准是什么。也就是说，我们先掷了一次硬币，然后又掷了一次硬币。这种随机性可能并不明显，因为人们往往习惯于用某种特定说法来概

括此类判断。例如，除非情况特别坏或特别好，你可能都会说“还行”，或“挺满意的”。这也许就是为什么不管如何设置生活满意度问卷的测试量表，结果常常集中在75%这个分数上。人们的惯常想法就是，人生没什么可抱怨的，但也不算完美。“还可以吧。”

由于我们没有充分理由认定只有一种判断生活满意度的方式，所以与我们生活是否顺利无关的事情也可以被拿来当作部分判断依据。如果你比较重视像感恩或坚毅这样的美德，那么你可能会决定更侧重于人生中积极的方面。这么一来，假如你对生活产生不满，就会觉得自己是个忘恩负义的人。又或者你会在形势不太乐观时将注意力集中在积极的事情上，以此来振作自己。但假如你对生活表示满意仅仅是因为不想成为满嘴抱怨的人，那我们便无从知晓你内心究竟觉得自己的人生顺不顺利。

因此，就算在逆境中的人们声称他们对生活很满意，也并不表示他们的生活真的一帆风顺。加尔各答的贫民窟居民多半表示他们很满意自己的生活，但我们还是不知道他们是否觉得自己的生活很顺利。就像那份揭露了这项发现的文章标题所暗示的那样，说不定他们只是在尽力从（在他们看来）**糟糕**的情况中发掘一些闪光点。与此类似，关于德国人和英国人的大型长期研究表明，大部分人在**配偶离世或失业期间**依然声称他们对自己的生活很满意。我们根本不清楚他们在经历这些困难期间是否真的认为人生依旧顺利。但研究人员要求他们解释自己为何对生活感到满意时，参与研究的埃及受访者并不总是回答“因为我的人生很棒”。他们会说： 38

人得适应自己的境遇。我接受我的命运。

日子好一天坏一天，最不受干扰的人才能活下来。

神明希望我们这样。对生活满意时就说感谢神明，感到疲惫时也说感谢神明。我们自己什么也做不了。

其实他们的意思是：“生活就是在要害处给了你一击，但你又能怎么样呢？”你在脑海中为自己的孩子规划的可能不是这样的幸福。

更令我们困惑的是，有时人生中的重大变故会对生活满意度产生匪夷所思的影响，或甚至根本没有影响。在一项研究中，透析病人所反映的生活满意度丝毫不输给身体健康的人，不过同时他们也表示，愿意放弃**余下寿命的一半**来换取正常的肾脏功能。换句话说，他们的生活满意度报告竟然没有体现出巨大不满，很有可能是由于为了接受自己患病的事实，他们把自己与其他病人做对比。

在一项针对结肠造口术病患的研究中，那些只能永久使用结肠造口的人竟然比临时使用的人生活满意度**更高**。这是为什么呢？永久性的结肠造口表示你余生都只能用结肠瘘袋来处理自己的排泄物。真的会有人觉得，这要比临时有这种需求更好吗？这极有可能是因为没有康复希望的病人只是降低了自己对于“足够美满”生活的标准。他们的实际病情确实更严重，但他们对生活更满意。

你可能会觉得生活幸福对人们来说是一件很重要的事。但假如我们认为生活满意度就能代表幸福与否，那么有一大堆积极乐观的囚犯，正在**他们看来**空虚、痛苦、压抑的生活中受苦，却依然对自己的人生表示满意。这种对于幸福的解读可不怎么鼓舞人心。

或许，想要说服人们接受生活满意度其实没有那么重要这个看法很难。当我们试图想象一个对生活感到满意的人时，脑 39
中会浮现一些约定俗成的形象，比如格蕾塔姑姑回想起自己极其成功的一生。而由于大部分人只有在真正走投无路时才会承认自己对生活不满，所以我们对于这类人的刻板印象就是：鲍勃叔叔身体不佳，壮志未酬，婚姻摇摇欲坠。

但是在上面这两个例子中最显著的并不是人们对于生活满意或不满意的**评判**，真正突出的是他们的**人生**是成功还是失败。格蕾塔姑姑已经实现了职场抱负、成就非凡，但是她觉得自己的人生还可以更上一个台阶，也就是说，她的人生如日中天，但她自己却并不满意。在这种情况下，她的人生依然是成功的。倘若鲍勃叔叔降低自己的标准，认为人生本可以更糟，这样一来，虽然他的生活一塌糊涂，但自己却挺满意的。可惜，即便如此，他的人生还是一场灾难。他们各自对人生的满意程度似乎没有太大区别。但是他们的**幸福程度**难道不应该有着天差地别吗？

很明显，当人们谈论幸福的时候，有时他们脑中想的却是生活满意度。因此，形容那些唯有自己对生活满意的人是“幸福”的可能也不是什么错误。但这种想法具有误导性，而且对于我们的研究没有什么帮助。

生活满意度的重要性

但这并不表示生活满意度研究不能提供有用的信息。即便人们本身对生活是否满意并不重要，但只要我们了解某一群体是否比另一群体对生活**更**满意，我们就可以推断出他们的**相对**福祉水平。当然其中也会有一些例外，不过总体来说，生活满意度较高的人更能实现自己的价值。他们对于生活中某些特定的方面更加满意，一般在其他测试中的结果也比别人更好。即便一个群体中**每个人**的标准都很低，都觉得只要活着就很满意，上述规律也有可能继续存在。不过，我们讨论到的那些缺陷会导
40 致人们非常担心生活满意度测试的可信度。既然人们对自己生活的看法非常重要，那么研究人员可能得想办法设计出更好的方式来获取这类信息。

有一种有趣的推论，它认为大部分人其实都有理由对自己的人生感到满意。在最后一章中，我们也会看到，大部分人确实都拥有美好人生。这并不是说他们一定生活优渥或是达到了心盛的状态，而是一种广义上的肯定，说明他们的人生值得选择，他们有充分理由认可自己的人生。在致悼词时，人们有理由形容他们的一生是"美好的"。

比卡姆和维特根斯坦对自己生活的认可或许并不是无稽之谈。正相反，他们似乎确实**度过了**美好的一生，他们的人生有起有伏，值得肯定。倒是我们犯了大错，认为生活满意度可以告诉我们人们过得究竟好不好、人生是否欣欣向荣。很明显，生活满意度没有这些含义。

总结一下，幸福究竟是什么？

现在我们来总结一下第二章和第三章所传达的主要信息：关于幸福的情绪状态理论体现了我们的本能反应，解释了幸福生活在世人眼里为何如此重要。本书中剩下的章节将以此为背

景。享乐主义理论也证明了幸福的重要性，但似乎不太符合一般大众对于幸福的解读。生活满意度理论乍一看似乎有理，却不能解释我们人为赋予幸福的价值。“我只想让我的孩子生活幸福”听起来似乎有些夸张，但要比“我只想让我的孩子对他们的生活感到满意”更加铿锵有力。毕竟，如果你只想让孩子感到满意，那就让他们想想《圣诞颂歌》里悲惨的小蒂姆，然后学会知足常乐就好啦。 41

第四章

测量幸福

据我所知，幸福的聪明人是最罕见的。

语出欧内斯特·海明威

挑战之处

幸福是可以测量的吗？简单来说，是的……吧。为了了解这其中蕴含的挑战，让我们来假想两个国家，由多尼亚和马尔多尼亚。以下是这两个国家人民生活一瞥：

- 在由多尼亚国，典型的居民日常生活是这样的：轻松自在，没有困扰，不容易生气，开开心心，笑口常开，知足常乐，情绪舒展，自信满满，好奇而专注，有警觉性且精神饱满，自由自在，如鱼得水，姿态放松自信。
- 在马尔多尼亚，一般人的生活基本上是这样的：压力很大，时常焦虑，神经紧绷，易怒，心烦，疲倦，忧郁，心不在焉，自行其是，不自在，别扭且没有安全感，灰心丧气，形容憔悴，而且饱受压迫。

我想大部分读者应该会同意由多尼亚人总体上来说很幸福，而马尔多尼亚人不幸福。不仅如此，这也是一项非常重要的事实。在我们决定自己想要的生活时，由多尼亚人的生活中流露出更多的幸福感，这是他们的主要加分项。事实上，很难想象 42
在现实生活中，马尔多尼亚怎么可能会是两者之中更适合居住的地方。

有效的幸福测量方式会告诉我们，由多尼亚人比马尔多尼亚人更幸福。而且测试结果还应该在某些程度上体现出这种差异的大小：在我们的幸福测量表中，由多尼亚的得分应当比马尔多尼亚高出许多。我们的幸福测试能实现这一目标吗？

有人可能会认为，像幸福这样复杂难懂的东西是无法测量的。你想得确实没错，根本无法精准地测量幸福。我们永远不可能用一个具体的数字来表示一个人到底有多幸福。

不过在大多数情况下，我们可以大致测量出哪些群体的人大体上更幸福，我们也可以找出哪些东西会让人们更幸福或更不幸福。回答这些问题并不需要精确的测量，并且在比对基数庞大的人群时，很多误差可以忽略不计。因为在每一组测试中都会产生相同的误差，所以组别之间的差距可能并不是因为这些误差。举个例子，可能人们在雨天的幸福感会降低一些，因为天气让他们的想法变得消极。然而有工作的人幸福感比失业的人要高这件事并非受到天气的影响。因为不太可能所有失业的人都在雨天接受幸福感问卷调查，而有工作的人都在晴天接受同样的调查。失业人群在幸福感测试中的结果更差主要还是因为他们**确实**更不幸福。

这么想吧：大部分人都认可抑郁和焦虑测试问卷能够反映出人们究竟有多抑郁或多焦虑。在抑郁调查问卷中得分很低的人多半心情也不是很好。请注意，测量幸福所使用的也不
43 过**就是**幸福感问卷。它与抑郁和焦虑调查问卷唯一的区别就是，后两者分别侧重于研究不同种类的不幸福感。测量幸福并不比测量抑郁和焦虑更神秘或更艰巨，也不应当比后两者更有争议。

因此，有用的幸福测量方式其实比你想象的更容易实现。事实上，几乎目前所有使用中的测量方式都在跟踪调查一些合情合理的信息，如笑容、健康状况、寿命、应激激素、朋友评价等等。

幸福测试应当具备的要素

很多测试方法依然有很大的提升空间。最无效的一类调查可能就是让被测试者说出他们有多“幸福”。由于不同的人对“幸福”这个词的理解不同，因而被测试者回答的其实都是不同的问题。有些人认为，研究人员想知道的是他们对生活是否满意，其他人则认为，这个问题需要评估的是他们的情绪幸福感。（试想一下维特根斯坦对这些问题的回答会有什么样的天壤之别。）因此，研究人员必须首先确定他们研究的到底是幸福的哪层含义，并使用能够清楚跟踪调查**那层含义**的测试方法。

还有一些测试问卷调查的是人们的生活满意度，至少这些测试的主题定义比较明确。不过我们已经知道，生活满意度跟我们在这里探讨的情绪层面的幸福大不相同。

假如我们**不得不**只问一个问题，那我可能会请被测试者给他们自己的情绪状态评分，最低分代表“抑郁且压力大”，最高分代表“快乐且放松”。不过，用一个简单的数字来总结你的整体情绪状态依然是一桩难事。更加严谨的测试调查会进一步详细询问关于情绪状态的问题，分别涉及幸福的三个方面。例如，你现在感到愤怒吗？是否感到有压力或者在为某事担心？你是否觉得自己“被拖累了”，并且缺乏能量？又或者，你昨天大笑或微笑的时间多吗？你有没有参与什么有趣的活动？你最近能 44
够享受所做的事情吗？你近来是否易怒？诸如此类的问题。通过这些问题，我们可以大致获得一个人的情绪状况，并进行大概比对。

在未来的调查测试中，研究人员很有可能会在类似的自我评估问题之外，进一步研究应激激素、脑成像、声音和表情分析等影响因素。不过目前，我们在幸福研究中的大部分依据仍旧来自自我评估。

在阅读关于幸福的科学研究时，最好谨记以下三个问题：

1. **这项研究测试的主体是什么？**在理想情况下，一份自我评估式的幸福测试应当包含不同的问题来评测情绪幸福感的所有主要方面，如协调、参与和认可。

2. **研究中用来进行比对的族群是否在回答关于幸福的问题时持有不同倾向？**例如，意大利人有一种“且听我慢慢道来”的文化，而美国人默认的态度就是“没啥可抱怨的”，所以意大利人看待问题就不及美国人那么积极正面。这么一来，即便一个意大利人跟一个美国人同样幸福，他的幸福自我评估得分却可能更低。

3. 假如研究表明，某些族群的人是“幸福”的，那么有什么证据？大部分这样的研究主体其实是生活满意度，而非情绪层面的幸福。假如这些研究针对的确实是情绪幸福感，那么我们得问自己，究竟人们幸福到**什么程度**才能被称作“幸福”而不是“不幸福”。接下来我们就来讨论这个问题。

多幸福才是幸福？

假设有一群人体验到的积极情感比消极情感要多，我们是否就能下结论说这些人是幸福的？标准答案会说，“没错”。然而似乎从未有人严谨地证明过这一点，这只是一个非常经不起
45 考验的假说。还记得我们之前讨论过的罗伯特的案例吗？他的积极情绪的确比消极情绪要多，然而很明显，他是一个不幸福的人。不管是谁，当一个人的生活中感觉很差的时间跟感觉很好的时间几乎一样多时，这无论如何也不能算作一个很美满的人生。这就好像你每吃十餐佳肴就要忍受九顿难吃的饭，每获得十次高潮就有人戳九下你的眼睛似的，听起来糟糕透顶。事实上，很多哲学家都为几乎不值得度过的人生设定过门槛，而且标准都很类似，即你从一段人生中获得的快乐刚好比经受的痛苦多一点点。或许我们可以得出结论，认为幸福和几乎不值得度过的人生中间应该有不可逾越的鸿沟。不然的话，按照上文的分析，几乎不值得度过的人生只不过比死亡好一点点。也就是说，我们要么幸福，要么死？

英国哲学家约翰·斯图尔特·密尔（1806—1873）曾经写道，幸福就是“人生当中的痛苦少且短，（同时）趣味横生且多姿多彩”。尽管我们应该将重点更多放在情绪状态而不是快乐上，

不过他的观点还是比"要么幸福要么死"有道理得多。我们能进一步阐述他的观点吗？有些研究认为，幸福的门槛就是积极情绪和消极情绪的比例达到3∶1。只要越过这道门槛，人们就会各有各的幸福。而当积极和消极情绪的比例没有达到这个标准时，人们的情况便会比较糟糕。我怀疑事实真相应该会比这个结论更复杂一些。但至少我们可以确信：**积极情绪状态远远超过消极情绪状态或许才是获得幸福的前提**。不过，大部分研究人员都选择了错误的研究幸福的捷径，过度夸大生活幸福的人数。

以下这个观点并没有经过学术论证：假如一个人很幸福，人们会倾向于认为他的人生一切顺利；假如此人不幸福，那他的人生中一定有诸多坎坷。因此当研究表明大部分人口很幸福时，人们自然而然会认为大部分人的人生是一帆风顺的。既然如此，为何不转而关注一些更为紧迫的问题呢？

举个例子，让我们假设幸福的前提确实是积极情绪和消极情绪的比例为3∶1。那么，某些应当被拿来证明大部分人很幸福的依据可能实际上恰好证明了**相反的**结论。例如，一项关于德国人的研究发现，在34%的时间里人们的情绪是消极的。这 46
被用来论证大部分人生活幸福。然而，这可能实际上恰恰证明大部分人**并不**幸福。这可是两个天差地别的结论！

人们真的像他们所说的那样幸福吗？

而且，研究调查的结论往往并不止于大部分人是幸福的，研究人员喜欢宣称**极大部分**人是幸福的。比如说，1976年曾经发表过一篇关于美国人的研究报告（图7）。这篇研究的引用量很高，其中，93%的受访人士表示自己很幸福，只有**3%的人不幸福**，没有人选择七个待选项中最消极的那个表情。2007年的一份盖洛普民意调查则显示，92%的美国人认为自己很幸福，只有6%“不那么幸福”（这是选项中最消极的一个）。令人印象深刻的是，家庭总收入超过75 000美元的人中，有98%表示很幸福，只有2%表示“没那么幸福”。世界价值观调查是全世界规模最大的幸福调查之一，其调查结果显示，在1995年，94%美国人认为自己是幸福的。

笑脸评估：“哪张脸最能代表你对自己生活的整体感受？”

图7　1976年一份幸福调查研究中使用的笑脸图

基本上大家都会把这样高的比例称作“所有人”，就像人们常说的“所有人都知道，人类已经登上月球”中的“所有人”一样。严格说来，6%的美国人并不相信这件事。不过你可以煽动总人口的6%说出任何话来。尽管如此，想让这些人开口宣布自己
47 不幸福，还是没那么简单。

就算是在能想象到的最完美的社会中，也依然会有人随时落入不幸福的境地。例如，家人离世、患上绝症、犯蠢等等，都可能成为诱因。在这种情况下，94%这个数字表示美国人的幸福比例已经快要达到理论数额的极限。在幸福百分比上，我们可

能已经实现了一个社会所能做到的极限。除了冰岛，那儿97%的人口认为自己很幸福。事实上，有不少国家能够与美国相媲美，或取得了超过美国的成就。委内瑞拉和菲律宾也紧随美国之后，有93%的人口认为自己很幸福。

大部分人可能确实很幸福。人们常常比我们预计的要更幸福。毫无疑问，知识分子喜欢强调痛苦在世界上的存在，就像本章开头海明威那句名言所体现的一样。

但这些数字非常荒谬。哪怕只是稍微接触一下你周围那些活生生的人，你也会意识到这样的数字极不可信。我并不认为这种数字毫无意义。百分比越高，可能确实表明幸福的人越多。只是这些数字中都有夸张的成分，因为不管从“幸福”的哪个重要层面来说，都不可能有那么多人是幸福的，不管是在当下，还是人们所能记得的任何一个时代。

以美国为例，首先，约有1%的美国人在服刑，3%的美国人正处在刑事司法体系的监管下。也有可能他们就是感到很幸福，所以接下来我们来看一些更直观的证据。

我在这里罗列一些抑郁症和焦虑症方面的数据。在关于美国的研究中，自称处于“非幸福”状态的人的比例，包括那些不幸福的和勉强可以过活的人，跟重性抑郁患者的比例一样多。我们这里所说的抑郁不仅仅是一种悲伤的情绪，而是一种会造成严重后果的疾病，能令病人一心求死。事实上，无论何时，总有12%的人口处于重性抑郁或广泛性焦虑症中。2006年，44岁
以下的成年人中，有11%在服用抗抑郁药物。随便哪一天，总会 48
有16%～20%的美国人表示自己“昨天大部分时间”都很悲伤。

造成这种现象的原因之一可能是孤独。一项大型研究结果

表明，美国人平均每人只有两位知心好友，知心好友的定义是可以与他们讨论人生大事的人。超过半数人并没有可以吐露心事的朋友，还有四分之一的美国人完全没有知心好友。神经科学家约翰·卡乔波是研究孤独领域的顶尖学者，据他预计，"在任何时间，约有20%的人，也就是说光在美国便有六千万人感到自己非常孤独，并且他们的孤独感就是造成人生不幸福的主要原因"。

那么面对压力，美国人表现如何呢？2007年，有三分之一的美国人表示自己处在极度压力下，在总分10分的基础上给自己的压力评分在8～10之间；有四分之三的美国人表示，在受访前一个月间曾经历过压力带来的身体痛苦；还有36%的人表示压力令他们虚弱到不堪一击，想号啕大哭；同样有36%的人表示他们会因为压力而略去一餐饭。并不令人意外的是，有10%～15%的美国人饱受长期失眠的困扰。

而针对孩童的研究数据更加让人质疑近乎全民幸福的假说。让我们来品品以下这些研究数据，其中大部分研究的受访者是来自富裕家庭的孩子：

- 在有15 000名美国大学生参与的研究中，超过半数表示自己曾经想过自杀，8%真正尝试过自杀。
- 一项针对美国某富裕郊区十年级女生的研究显示，其中22%的女生有严重的抑郁症和焦虑症临床症状。
- 在针对美国南部和中西部633位九年级和十年级学生的研究中，有46%的受访者曾经在受访前一年内有过自我伤害或自残行为。最常见的形式是切割自己的皮肤、

灼伤自己、殴打或咬伤自己。(据预计，全国范围内有 49
10%～20%的同龄人会做出类似行为。)另一项研究表明，普林斯顿大学和康奈尔大学的学生中17%有类似行为。

- 在中国台湾地区，有89%的成年人声称自己生活幸福，然而10～12岁的青少年中有16%会通过迫使自己呕吐来减肥。

所有这些数字都不能表明受访者生活在一个“极大部分人感到幸福的社会”中，也没有人会认为他们所处的社会是健康或者甚至是健全的。之所以会有这样的结果，显然不是因为年轻人注定会产生自杀的念头。这些数字当然不代表我们不能说美国或中国台湾地区的大部分人是幸福的，毕竟有些研究结果可能在较大范围内并不适用，而且每项研究都会存在漏洞。但我们起码可以认为，不可能有94%之多的美国人是幸福的，至少从情绪幸福角度来看如此。很明显，自我评估的数据中有些水分。

有两个原因会令人虚报自己的幸福感。首先，“积极偏误”会影响我们看待自己的方式，我们会倾向于以诗化记忆的滤镜来看待我们自己和我们的未来，这种现象又叫正向错觉。尽管每种社会文化环境所展示的积极幻想程度不同，但很有可能在人们被问到自己有多幸福这个问题时，大部分人喜欢微调一下自己的回答，给出偏向积极的答案。

其次，我们还欠缺一个清楚界定幸福意味着什么的标准，这个概念在大部分人脑海中是很模糊的。这就表示人们有很多种解读幸福的方式来支撑自己的答案，他们并不是真的在说谎。除非人生一塌糊涂，不然大部分人在断定自己幸福时并非撒谎。

假如你能诚实地论证自己是幸福的，为什么不这样做呢？假如你不需要参加匿名戒酒互助小组的会面，那你为什么要说自己不幸福呢？难道有人逼你吗？一般来说，除非有无法反驳的事实摆在眼前，形成压力，否则人们不会承认自己愚蠢或丑陋。幸
50 好，这些概念都很抽象，以至于人们很难得出这样的答案。同样，除非生活失败到无法包装粉饰，很少有人会主动说自己不幸福。

当然，这些数据依然能够告诉我们幸福的**相对**程度，让我们知道哪些人更幸福，哪些事情会带来更多幸福感。这些数据能告诉我们，由多尼亚人比马尔多尼亚人更幸福，但不能清楚地指出究竟有多少人真正获得了**幸福**。除了一些明显的案例，如抑郁症患者和有贪食症的10岁孩童外，我们真的不知道世上有多
51 少幸福的人。

第五章

幸福的来源

> 吸。呼。吸。呼。忘了这套东西，你会想起其他比悟道更严重的麻烦事儿。
>
> 语出犹太笑话

一些问题

罗列幸福的来源是一项特别棘手的任务。其中一个难题就是得明确如何分门别类。我们应该聚焦在人际关系上，朋友和家庭上，社群上，还是以爱为中心？一般来说，不同的研究人员会使用不同的概念，并没有哪一组概念是“唯一正确”的。

第二个难题在于，你所生活在其中的社会类型决定了哪些因素能够左右人们的幸福感。在巴布亚新几内亚的某些地区，人们是否幸福很大程度上取决于他们拥有食火鸡的数量。我敢打赌，在世界上其他大部分地区，并没有人想要这些脾气古怪、难以相处的鸟。不过，虽然对于这些以交换食火鸡为生的部落成员来说，金钱无甚用处，但如果想在比弗利山庄①吃得开，还是得有**大把**金钱才行。在很大程度上，你的居住地决定了金钱对于获得幸福感来说有多重要。

因此，金钱对幸福来说到底有多重要这个问题并没有一个
52 万无一失的简单答案。同样，也没有人能够拿一个万无一失的简单答案来解释食火鸡、渔网、电话或汽车对幸福来说到底有多重要。我们只能具体问题具体分析。这个道理浅显明白，却鲜有人注意。社会所面临的选择之一不仅仅是如何普及幸福的来源，而且是决定哪些事物会被**塑造**为影响幸福的重要因素。

不过，我们都知道，不管你周围的环境如何，有些东西注定会对幸福造成很大影响。让我们随机选择一个婴儿，假设可以把他随机放到任意时空的任意一个社会中。在他的一生中，哪些东西会对他的幸福造成最大影响？当务之急是帮助他在哪些领域步入正轨？尽管世界上不存在一份“最正确”的幸福要素清单，不过关于这份清单的大致内容依然存在很多共识。

基因和设定值

已经有越来越多报道向人们揭露了基因对于人类幸福的影响。或许你曾听说过，基因决定了我们50%的幸福感，也就是说，这部分幸福是你天生的幸福“设定值”的产物。在本书中，我不会过多讨论这种观点，因为首先，我们无法改变基因，也不应该尝试改变基因；其次，目前已经没有人还在坚持认为基因对幸福影响过于巨大，以至于无法通过其他任何途径来提升自己的幸福感。这

① 位于美国洛杉矶，被称为“全世界最尊贵住宅区”。——编注

就是为什么研究人员仍然要费尽心思列举出幸福的来源。即便每个人确实都有自己天生的幸福设定值，但很明显，很多因素依然可以长期影响我们的幸福感。例如，一份糟糕的工作。

幸福设定值理论的核心真相在于揭露了人类惊人的调整和适应能力。随着时间流逝，我们渐渐适应了生活中的大部分变化，最终依然可以像变化发生之前一样幸福。因此，本章将专注于研究那些人类**无法**适应的影响幸福的重要因素，这些因素对我们的幸福感有持久的影响。53

基因无法主宰我们的命运。科学家试图通过研究幸福的“可遗传性”来揭露基因对幸福的影响。也就是说，他们想知道人与人之间千差万别的幸福感有多少是因为受到不同基因的影响。在研究可遗传性问题的过程中，人们会犯下各种各样的错误。为了加快本书节奏，我不进一步阐述其中错综复杂的细节，只提供一个简单的例子来供读者参考。在关于幸福可遗传性的一篇文章中，诸位作者指出，试图提升幸福感就像“试图长高一样徒劳无功”。他们的观点传播甚广。按照这种说法，我们被困在了追逐享乐的跑步机上，没有任何实际进步的希望。然而该观点实则大错特错，并且至少有一名原作者在文章发表后推翻了其中的观点。要知道，尽管让自己长高确实是一项艰巨的任务，但为了长高所付出的努力并非徒劳无功。在过去150年间，日益提高的生活水平确实令荷兰男性的身高增长了8英寸。也就是说，他们从5英尺4英寸的矮个子变成了今天身长超过6英尺的大高个儿。[①] 当然，身高的可遗传性确实比幸福感更高。

① 1英寸=2.54厘米，1英尺=30.48厘米。——编注

假如我们能像现代社会提高了人们的身高一样来增强人们的幸福感，这将会是一项影响深远的成就。

幸福的来源：SOARS

那么，幸福的主要来源究竟有哪些？目前，研究人员已经就五项答案大致达成共识，我将集中分析这五点。这五项幸福的来源排名不分先后（只是为了制造一个好记的英文缩写），它们分别是：

1. 安全感
2. 生活态度
3. 自主权
4. 人际关系
5. 需要技能、有意义的活动

科学文献已经充分证明了这五项幸福来源的重要性。事实上，这份清单是我在心理学家理查德·瑞安和爱德华·德西提出的普遍人类需求列表的基础上进一步拓展而来的。这两名心
54 理学家提出，人类的三项基本需求分别是自主权、胜任力和关联性。而我新加入的两项是生活态度和安全感。瑞安和德西对于幸福的解读与福祉理念更加接近，尽管他们的观点在学术界尚有争议，但人们基本认可以上三项基本需求对幸福感的重要影响，其中唯一有可能受到质疑的是自主权这一项。

安全感

幸福最明显的必要前提就是不能有受到威胁的感觉：你拥有必不可少的东西，并对此感到安全。表面上来看，这个道理似

乎很浅显。当收账人前来敲门的时候，肯定不会有人觉得自己很幸福。

不过安全感对人类幸福感的影响要比这复杂得多。生活中存在着各式各样的安全感，而能够影响幸福感的安全感类型往往出乎我们意料。例如，即便我们预先知道肉体风险的存在，也不一定会为此感到焦虑。攀岩并不是世界上最安全的业余消遣，然而攀岩者往往认为，这种攀附在悬崖峭壁表面、一不留神便有性命之虞的活动能够帮人**定心凝神**。皮拉罕人的生活比我们中大部分人更加危险，然而他们似乎全都对此不以为意（图8）。

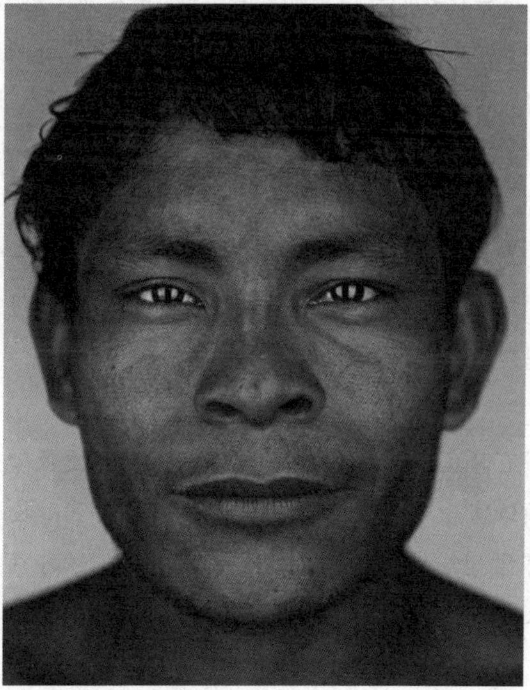

图8　霍皮，一名皮拉罕男子

说到这里，其实肉体上最安全的人往往最焦虑、最爱操心，也最容易压力过大。这或许并不是巧合。一些具有肉体风险的活动往往能够帮助我们集中精力，有效抑制那些常常侵入并占据我们大脑、令我们分神的想法和愁绪。

简而言之，能够影响幸福的安全感是那些可以**察觉到**或感知到的安全感。似乎至少有三种安全感在我们的幸福中扮演了格外重要的角色。目前为止，我们主要讨论的是对于**物质**安全感的理解。同样，这种感觉可能并不受实际物质安全情况的影响。在现实生活中，财富反而会滋生物质不安全感，刺激人们的贪欲，提高人们对物质条件的期望，使人们习惯放纵奢侈的生活方式。这会让我们变得更加需要金钱，更容易失望、沮丧和焦虑。这种观点浅显易见，且无甚新意。古希腊享乐主义哲学家

55 伊壁鸠鲁对于如何过上快乐的生活有以下这条建议：远离奢侈品，过简单生活。奢华的生活会将你变成一个欲求不满的人，你的幸福完全由那些易失的财物所主宰。斯多葛派和佛教中都有类似的劝诫，尤其佛教教义均以戒除那些让人们易受折磨的渴望为主题。在一项针对美国顶级富豪的研究中，研究员罗伯特·肯尼表示：

> 有时我甚至认为这个国家唯一比穷人更操心金钱的就是顶级富豪。他们担心自己会失去财富，担心投资渠道是否可靠，担心财富带来的影响。随着他们银行户头里的零越来越多，他们也越来越进退两难。

财富是一把双刃剑，它可以帮我们隔开诸多不幸，让我们心

想事成，也可以使我们越来越贪婪，为我们制造出新的弱点。财 56
富或许真的会让某些人感到**更不**安全。广告作为现代消费经济的特色产物之一，其存在就是为了确保人们持续产生这种不安全感。铺天盖地的广告，为的就是唤醒人们的不满足感，让他们渴望拥有之前根本不需要的商品。

第二种对人类幸福至关重要的安全感就是**社交**安全感：一个人对于人际关系和自己在社群中的位置感到安全。由于人类的社交属性根基非常深厚，因此这种形式的安全感也尤为重要。之后我们会具体分析“人际关系”这一点。

第三种安全感我们可以称为**事业**安全感，指的是一个人可以在自己的主要事业中看到成功的可能性，从而产生安全感。这里的“事业”指的是你所认同的一切决心或目标，而这些决心或目标反过来也会成为你的身份或自我意识的一部分。毕生职业或使命当然算作事业，当一名优秀的家长也是一项事业，研发出某种疾病的治疗方式也是一项事业。在推进事业的过程中，我们既有可能成功，也有可能失败，对失败的恐惧可能就会成为我们不幸福的源头。因为认可自己的事业，所以我们也将自尊心押在事业成功与否上。一旦事业失败，人们很容易认为**自己**也很失败。这种感觉糟糕透顶，并且，仅仅怀疑自己有可能失败也会产生同样可怕的焦虑感。

对于我们这些幸运到可以拥有选择权的人来说，人生中的众多选择之一，就是决定将多少本钱投资在有风险的事业上，例如，开办一家公司等。这类事业通常回报高、有意义，值得投入。不过，追逐高收益一般也伴随着更高的事业不安全感，令人担忧、焦虑、受挫。人们必须自己把握得失平衡，而且也没有一个

“最佳”方案可以解决这个问题。

最难觉察的一种安全感就是**时间**安全感。时间安全感代表一个人有充足的时间来完成自己需要做的事情。大部分情况下，这种安全感的缺失也就是我们通常所说的“压力大”。缺乏
57 时间安全感以至于长期压力过大的人一般都不太幸福。这既是因为压力本身会消解幸福感，也因为压力会穿透我们的神经，让我们易怒、焦虑，容易忽视身边美好的事物，完全抽去我们生活中的质感和快乐。虽说有一点压力是好事，但“压力大”和“幸福”则是南辕北辙的两件事情。

不过，也存在一些微妙有趣的例外。有些人会从快节奏的生活中获得巨大满足感，他们享受这种时间刚好能够完成任务的感觉。厨师就很有可能是这样的人，他们的日常操作流程可能如同一套舞蹈动作。工作顺利时，每个环节都能完成，而且完成得非常漂亮，但一切都只是**刚刚来得及**。这种节奏可以让人精神抖擞，除非那天运气不好，不然绝对不会给人带来压力。但毋庸置疑，这种生活方式中一定充斥着很多压力巨大的日子。这也是一个需要个人权衡取舍的问题。

安全感有助于提升幸福感，但并非多多益善。过多的安全感会让人自满、懒惰、软弱、不堪一击，也会阻碍个人发展。娇生惯养、不经风雨的童年可能会孕育出一个不幸福的成年人，无法或不愿在遇到困难时坚持下去，也无力招架日常生活中的不确定性、危险、挫折和失败。他们有可能变成“回巢族”或“啃老族”，在成人之后依然需要家长照顾；也有可能是两个身心不成熟的大儿童虽然结合在一起，但最终还是无缘无故地离婚；又或者有些人对于任何行业都只能浅尝辄止；等等。

我相信今天很多读者对于上述问题都很熟悉。在美国，很多孩子大部分时间都待在室内，处于成年人严密的监护下，没有什么机会随意跟其他孩子玩耍或自己安排玩伴。之所以会出现这种极端情况，主要是因为家长最惧怕的“噩梦”便是自己的孩子被陌生人绑架，从此再也见不着活蹦乱跳的小家伙。有些家长会觉得在这方面无论如何小心都不为过，因此他们购买了“牙齿印记”服务，以便将来指认他们（目前警觉性很高的）孩子残缺或烧焦的尸体。人们会以为这种犯罪现象无处不在，然而美国司法部的一份调查表明，一年时间内，在这个有3亿人口的国家，共发生了51起这样的案件。当然，这种事情一次都嫌多，可 58
是，这个数字跟因蜜蜂、胡蜂、大黄蜂蜇咬而导致的死亡人数差不多。也就是说，这几乎是一个可以忽略不计的风险。

可是，我们很难会听到家长说，“我绝不会让孩子自己在小区里跑来跑去，蜜蜂会蜇死他的”。作为对比，美国一年有219人死于骑马事故，17 000人死于摔跤，36 000人死于流感。由此可见，提升幸福感的途径之一就是理智地看待风险。

生活态度

“幸福与否是个人选择。你的态度决定一切。”在关于幸福的常见言论中，这一条又是最常出现的，至少我个人感觉如此。励志书本中也充斥着类似的言论。这其中有一定道理，可是假如我们来分析一下这句话的字面意思，会发现这完全就是胡说八道。一个典型的抑郁症患者无法通过意念获得幸福，正如他无法展翅飞翔一样。告诉这样一个人只要他想，就完全可以感到幸福，是一种既愚蠢又残忍的做法。这就像告诉癌症患者他的死亡完全是自己的问题，因为态度好的人都没有生病一样。幸福与否绝不是个人可以选择的。

不过这种夸张的说法并非无中生有，我们的生活态度对于获得幸福感确实非常重要。就算廉价心灵鸡汤贩子的说辞言过其实，我们也确实在很大程度上能够控制自己的态度。诚然，假如你天性就像《小熊维尼》中的驴子屹耳一样，成天愁眉苦脸、自怨自艾，那么跳跳虎那种活泼积极的个性对你来说确实遥不可及。假如你住在曼哈顿，你肯定也很难保持新奥尔良人那种懒散的行事风格。不过在很大范围内，我们可以调整自己的生活态度，让自己更加幸福。

斯多葛派认为，个人完全能够掌控自己的福祉，一切都取决
59 于人的性格。苏格拉底也持同样看法，认为只要我们坚持自己的道德水准，就算占据上风的人折磨我们、杀害我们，也无法真正伤害到我们。重要的不是你身上发生了什么，而是你如何应对。按照斯多葛派的观点，真正的圣人不管遇到什么都会处变不惊。苏格拉底本人就是一个极好的例子。佛教徒也有类似的信仰，他们认为我们有能力通过戒除那些造成我们受苦的渴望来获得幸福。

不过，在这些观点中，幸福依然不是一双鞋，你可以随意选择要或不要。它更像是一项你必须通过多年努力才能习得的**技能**。没有任何一个哲学家会疯狂到认为任何人都可能随便拿起一本书，然后顿悟得道，自己参破幸福的真谛。世界上有足够多不幸福的佛教徒可以证明这项任务其实有多么艰巨。

但是只要努力的方向正确，我们可以充分控制自己的大部分心理状态。第二章中我曾提到马蒂厄·里卡德，他将冥想艺

术称作“思想训练”。在一项研究中，科研人员发现他的大脑活动中存在令人惊叹的“幸福”模式。研究成果发表后，便有人哗众取宠地将他称为“全世界最幸福的人”。不过，在一系列研究中，里卡德确实展现了无与伦比的自我意识和控制能力。研究人员将他自己描述和列举的情绪体验与他实际的身体反应进行比对，发现他对细节的把握和准确度令人感到不可思议。在一项实验中，研究人员在他进行冥想时制造出类似枪击的巨大噪声，他却几乎没有表现出普通人应有的惊吓反应。一般来说，这种事情不是人们自己可以控制的。里卡德本人描述道：“我并没有努力尝试控制自己不要受惊，只是爆炸声在我听来不那么响亮，好像跟我隔着一段距离似的。”另外一项针对其他冥想者的研究发现，这些人可以将自己的手指和脚趾的温度提高17华氏度[①]。他们可以忍受极寒环境却并没有感到明显不适。也就是说，他们可以在温度低至0华氏度[②]的情况下睡在喜马拉雅山山脊上，仅以一条披肩裹身。 60

并非只有佛教徒才能学习思想训练的技巧。就在写下这段内容时，我刚刚结束一段旅途，正坐在回家的飞机上，心力交瘁。我身后坐着两个大概6～8岁的孩子以及他们的母亲。孩子们不太安静，母亲则一再徒劳地恳求他们小声一点，那场面实在算不上令人放松。我简直怒不可遏。紧接着，按照里卡德传授的经验，我不再把注意力放在身后的噪声上，而是集中精力调整自己的反应。我有什么可生气的呢？我这样愤怒能解决什么问题吗？我凭什么指望到处都是完美的孩子或完美的育儿方式？我

① 相当于提高约9.4摄氏度。——编注
② 约合-17.78摄氏度。——编注

并不需要对自己的问题给出明确的答案，仅仅在思考这些问题的过程中，我的情绪烟消云散。我整个人都放松下来，注意力重新回到自己的工作上。

接着我前面的乘客完全放平自己的座椅，令我的膝盖饱受摧残。我开始重复之前的思考过程。如有需要，可以不断循环往复以上的思考。

什么样的生活态度可以提升幸福感呢？并没有一个呼之欲出的“最佳”答案，每种态度都有各自的优劣，也适用于不同人群。并且，“生活态度”是一个很广的概念，包括了我们如何看待、解读、解释、评估和回应事情等各个方面，还包括我们的价值观。

当我们讨论生活态度对幸福的影响时，主要涉及两种生活态度——**积极应对**和**坦然接受**。积极应对，顾名思义，就是专注于生活中积极的地方，品味生活中的小快乐，保持乐观和感恩，知足常乐，等等。从万事万物中发现诙谐之处，允许自己犯傻或者不按常理出牌。

坦然接受主要是指当事情不按你的预期发展时，不要崩溃，要接受现实，不要强求，维持合理的期望值。某些人可能会觉得这是失败主义者的论调，但事实并非如此。你可以秉持这种生活态度，同时依然对生活充满希望，也继续为更好的生活而努力。（毕竟里卡德可不是什么懒鬼。）只是当情况不尽如人意时，
61 你可以更潇洒地耸耸肩膀，摆脱负面影响，继续前行。你不会像期望过高的人一样欲求不满，同时你也可以摆脱自己欲望的滤镜，更容易欣赏到生活中美好的事物。

第三种能够有效帮助提升幸福感的生活态度是**关心他人**。

研究表明，更关心他人的人活得更加幸福。这有一部分是因为幸福的生活会让人们更乐于社交，也更关心他人，但同时，关心他人反过来也对我们的幸福感有着非常强烈的影响。很多人都知道帮助他人能够有效提升幸福感。心理学家迈克尔·阿盖尔指出，在休闲活动中，只有跳舞能够产生比从事志愿活动和慈善工作更高的“欢乐水平”。另有研究发现，在为别人花钱时，人们能够获得比为自己花钱更多的幸福感。我认为乐于助人还具有更广泛的道德意义，包括强烈的正直感，如诚实、守信等。在这一领域似乎还没有很多科学研究，但长期以来，哲学家一直提倡这种理念。

图9　里约热内卢，一名男子把自己的鞋子送给无家可归的女孩 62

例如，尽管在古希腊享乐主义哲学家伊壁鸠鲁看来，快乐是我们的终极人生目标，但他同时还坚决认为人们应当维持正直和其他道德准则——他认为，这对内心的平静来说至关重要。

最后一种生活态度与驱使我们工作和从事其他活动的动机有关。举例来说，物质享乐主义价值观一般不会让人们变得更幸福。研究表明，更重视金钱、财产和地位的人一般都没那么幸福，而不太重视物质享受的人则要幸福得多。概括来说，真心追求实现自己内心梦想的人，要比被财富或地位等外部回报所驱动的人更幸福。研究人员将前者称作**内在动机**，后者为外在动机。在工作环境中，只是为了薪水或获得一技之长而工作的人通常会机械对待工作内容，因为他们工作只是为了获得别的东西（金钱、升职等）。他们的工作经历也没有那些将工作视为“使命召唤”的人那么满意。（一般我会用不那么花哨的词来形容工作，像“职业”或“行业”。）这种差异并非来自工作本身，而是取决于工作者的态度。门卫和垃圾工都可以拥有使命感，认为自己的工作有内在意义，并且非常充实。

请注意，富人或有物质需求的人并不一定就持有物质享乐主义**价值观**或将物质享受视为头等大事。重点在于你真正在乎的是什么，而且穷人一般比富人更看重物质条件。一个人可以非常享受购物，并梦想购买一些奢侈品，但与此同时，这个人有可能根本不在意自己是否能真正拥有那些奢侈品。我小时候，每年总是殷切期盼家里收到西尔斯百货公司和杰西潘尼百货公司的圣诞商品目录，但我从来没有想过一定要得到目录里的东西，也确实没怎么买过那些东西。

总结一下，至少有以下四种能够有效促进幸福感的生活
63 态度：

1. 积极应对
2. 坦然接受

3. 关心他人

4. 内在动机

社会文化中所蕴含的生活态度也会影响人们的幸福感。美国文化由内而外散发出乐观、快乐、友好的气息，很明显，美国人因此更容易获得幸福。委内瑞拉、哥伦比亚、巴拿马、哥斯达黎加和墨西哥等拉丁美洲国家的国民幸福感高得惊人，考虑到这些国家的物质条件并不宽裕，这个结果就更加难能可贵了。在国际幸福研究中它们常常名列榜首或遥遥领先。原因之一似乎是在这些国家中，家庭和集体的联系较为紧密。但文化对此也有巨大的影响。拉丁文化倾向于关注生活中值得享受的事情，如庆祝活动、放慢节奏、出门闲逛等，他们追求随遇而安。哥伦比亚人有一句谚语，当旅途中发生不测，如汽车出故障时，他们会说："Todo es parte del paseo."。意思是，这都是旅途的一部分。

我在亚利桑那州图森市生活过一段时间。有一天，傍晚时分，我和妻子抱着小婴儿，在市里人烟较为稀少的地段像无头苍蝇般绕来绕去，试图寻找一家餐厅，却没找到。在争执下一步该如何行动时，我们俩略微起了一点口角。一个拉丁裔流浪汉走向我们。他并不是来乞讨的，只想教训我们一下。"你们俩有毛病吗？你们有一个美满的家庭。看看你们拥有的一切。你们应该感到幸福！"从流浪汉口中说出这番话，确实叫人无地自容。不过他没说错。

自主权

我隐瞒了自己的离开，因为身为马萨伊战士却离开家去找工作，这是一件令人羞耻的事情……马萨伊人会说，这人上赶着去给别人当奴隶。

64 语出忒皮里特·奥雷·赛特提

假如你有跟幼童一起生活的经历，那么你一定明白自己的事情自己做和自己的决定自己做乃是人类的本能渴望。“我要自己开门！”是孩子口中常常出现的话。追求自主权是人类的本性，而主宰自己人生的感觉也是幸福的重要来源之一。感觉自己能够不受他人影响做决定的人，要比其他人幸福得多。自主权甚至能让人更健康。有研究表明，只要给老人院里的老人哪怕一丁点自主权，他们也会更幸福、更健康，甚至活得更久。例如，养老院可以让老人自己负责房间里的植物，而不是请员工统一打理。

简单来说，自由，就是幸福的一大主要来源。不过，某些方面的自由比其他方面更为重要，并且自由也不是越多越好。我们这里讲到的自由，即**自主权**，指的是一个人能够自主选择。因此，看一个人有没有自主权，就要看他能不能为自己的事情做主，能不能不受强迫、高压，不屈从于别人的意志。

举例来说，经营一家小企业是一项有风险、有难度的工作，可是小企业家却普遍认为自己很幸福，不用被老板呼来喝去是一项非常诱人的条件。事实上，这正是工资制经济体系的重大缺陷。由于这项缺陷无处不在，我们常常忘记它的存在。成为雇员，就意味着你要听从别人的突发奇想。工资制经济体系一度被称为“工资奴役”，至今还有人依然这样认为。

我们不应当把自主权同另一种自由，即**选择自由**弄混。选择自由代表人们能够从一系列选项中选出他们最想要的。这种自由对幸福来说重要吗？目前我们掌握的证据比较模棱两可，不过，选择自由度更高的人似乎在平均幸福感方面确实略胜一筹。金钱的影响力最能说明这一点，因为金钱的好处本质上就是能够为人们提供更多选择。稍后我们会进一步讨论这一点。 65

当然，人们不一定非要有很多选择才可以幸福。狩猎采集者的人生中就没有什么选择，但至少他们中有些人还是喜欢自己拥有的选项，并设法过上比较幸福的生活。不过，选择自由确实能让人摆脱困境，更容易找到让我们更加幸福的东西。很多人，包括我自己，都在从事自己认为有意义的职业，然而假如我们生活在传统社会或极权国家中，就根本没有这些选择。在那种环境下，人们别无选择，只能在某些工厂中劳作，或者打理家族农场，不管他们愿不愿意。

同时，只要拥有选择的权利，就能产生一种由可能性所带来的自由和快乐。例如，中国及世界很多地区对汽车的需求日益旺盛，很大程度上可能就是因为汽车能给人带来自由感。对很多人来说，想象自己沿着一望无际的高速公路开向夕阳，是非常动人的场景。

从另一方面来说，选择自由也需要人们付出相应代价。很明显，在有选择的时候，人们犯错的概率也会增加。同时，从更多选项中做出选择也非易事，甚至会激发人的焦虑感。有时人们甚至会逃避做出选择（逃避做出决定），因为一旦进行选择，就不能再将坏结果推卸给运气差，也不能耸耸肩膀就抛在脑后，相反，人们会心生懊恼，陷入自我谴责。选择也会削弱人们的决心和满足感，让我们的人际关系、财产和事业都变得更加不可预知，从而可有可无。例如，离婚率上升的其中一个原因就是人们逐渐认识到伴侣的可替代性，从而对婚姻现状愈发不满。（我们可以从这个角度来想一下：假如你跟某人被困在荒岛上，那么你们肯定能找到天荒地老的办法。）巴里·施瓦茨是一名顶尖学者，专门研究选择的代价。他有一篇文献综述的主题就是选择的影响，文章标题为《自由的暴政》，而他最近出版的一本新书题为《选择的悖论》。

人们常常嘲讽自主权是一个狭隘的西方个人主义理想概
66 念，不适合大部分文化。不过，在“阿拉伯之春”中冒着生命危险加入冲突的大批埃及人、突尼斯人、利比亚人、叙利亚人和也门人显然对这种论调不以为然。自主选择的理想已经传遍全球，因为人类天生就不喜欢任人摆布。

不过批评家们也没说错，西方个人主义理论确实在世界上很多国家和地区不被接受。在亚洲、非洲和拉丁美洲等社群文化或集体主义文化中，人们更喜欢把自己跟家庭或社区联系在一起，更注重扮演自己的社会角色，努力满足社会对自己的期望，不那么关心个人隐私和自我满足。这强烈影响了他们**想**做的事情，也表示人们在做决定时会主要参考别人的态度和利益。事实上，你的人生不完全是你自己的，而是与别人的人生息息相关。在一些需要考虑“大局”的问题上，如结婚对象等，人们可能没什么选择权。尽管如此，他们或许还是可以控制自己的大部分人生。例如，掌控自己的日常行程可能比做出重大决定更能令人们感到幸福，原因很简单——日常生活近在眼前，永远占据显要位置。就算人们无法独自主宰某些事务，依然可以认为自己正在践行本人所认可的价值观，从而获得拥有自主权的感觉。这样一来，人们也不再觉得自己活在父母的控制之下。

当然，并非所有社群文化都喜欢强迫别人。事实上，在某些社群中，告诉别人该如何行事会触犯重大禁忌。例如，东南亚某些地方就有这样的文化，很多狩猎采集者的社群也是如此。在这些环境中，人们以集体形式享有高度自主权。他们可以自由地过自己选择的生活，但与个人主义者相比，他们更愿意从集体角度来看待问题。在最近一次世界价值观调查当中，研究人员请来自57个国家的居民根据他们的现实生活评价他们觉得自己拥有“多少选择和控制的自由”。一般来说，这类问题的答案很能帮助评测人们的幸福感和满意度。符合预期的是，美国人
在这方面的评分很高。不过，认为自己享有最多自由和控制权 67
的是受集体主义文化影响并且不怎么富裕的墨西哥人和哥伦比亚人。

人际关系

披头士乐队告诉我们，“你唯一需要的就是爱”，他们的告诫基本正确。人际关系对人类幸福的重要程度，就像水和鱼的关系一样。在所有影响幸福的重要因素中，我们可能最需要把人际关系处理妥帖，这其中包括家庭关系、朋友关系和社群关系。

人际关系最直观的好处，就是能让我们享受到彼此陪伴的快乐。跟同伴聊天和共事可能会带来幸福感。研究人员曾经记录过人们在不同活动中的感受，发现所有人，包括内向的人，都会在有人陪伴的时候体会到更多积极情绪。一直以来，社交都是最令人感到快乐的活动之一。

自然，亲密关系是非常重要的。在一项以幸福感很高的个

人为研究对象的调查中，每个受访者都拥有非常坚实的亲密关系。心理学家埃德·迪纳和罗伯特·比斯瓦斯-迪纳精准地总结了其中的奥义："能够产生最多幸福感的亲密关系，一定需要两人互相理解、互相关心，彼此认定对方是值得的。"不管是否处在亲密关系之中，受到尊重对人来说都是很重要的体验。并且，有些人的评价对我们来说很有分量，我们也需要得到他们的尊重。

这些都是非常平凡琐碎的观点，却常常被人遗忘或误解。我父亲基本是由他的祖母带大的，对于祖母的育儿方式，他印象最深刻的就是她给予自己的关注：假如孙子有话要对她说，"阿妈"就会停下手中所有事情，摘下眼镜，给孩子百分之百的关注。这个简单的举动却体现出孙子在祖母眼中的重要性，也唤醒了孩子的自我价值感，这是多少玩具都做不到的。

良好的友谊和团体关系的标志之一就是信任。假如你有一个知心好友，就意味着你信任这个人，可以把自己最隐私、最重要的思绪和担忧与之分享。假如一个团体里的人彼此信任，以至于可以气氛融洽地调侃一下某人剪坏的发型，那么这几乎就是一个最完美的团体。毫无疑问，一个人是否信任他人与这个人的幸福程度有很大关联。信任至关重要，因为它能提供一种安全感，令我们感到自己被接受、被爱、被保护，被一群愿意为了我们而牺牲自己利益的人所环绕。这种安全感是能够帮助我们渡过难关的重要缓冲，是必不可少的安全保障。人人都希望能够与为我们提供这种安全感的人一同度过大部分时光。

然而在很多社会中都很难实现这一点。在大公司或政府机构等官僚体系中工作，尽管从某种意义上来说具有高度"社交性”，却缺乏人情味。你在上班的大部分时间，身边都是出于自身利益而关注你的人，你根本无法信任这些人。在大部分人类历史上，似乎只有孩童能够长时间被无条件爱着他们的人所环绕。如今，在工业化国家中，大部分孩子在工作日期间只能长时间待在教育机构里，身边唯有雇来的看护者，而这些看护每人需要照看10个、20个甚至更多孩子，他们能够分配给每个孩子的喜爱几乎是随机的。

例如，在美国，常常会有5岁孩子发现自己因为一些常见的行为问题而被集体所排斥，除了直系亲属外没有别的避风港，有些孩子甚至没有直系亲属可以依靠。（在富裕的美国社群中，我已经好几次观察到这种现象。在每一个案例中，孩子都受到不同程度的影响，轻则激动易怒，重则受到毁灭性的打击。）孩子们在校外跟同龄人玩耍的机会通常由家长来组织，他们会为孩子安排必要的“玩耍约会”。当然，这些家长不太可能邀请有行为 69
问题的孩子去自己家里。在这种情况下，被孤立的孩子没有什么机会建立友谊，也没办法从同龄人集体中学习如何社交。他只是遭到惩罚，被人们晾在一边。我们不需要阅读任何经过同行审议的学术论文，也会知道这将对孩子的幸福感造成什么样的影响。

一个强大的社群不仅会为人们提供安全感，还会让他们的生活更轻松，对金钱的需求更小。例如，降低人们在育儿和娱乐方面的开销。如果你有人可以谈心，那么家里的电视高不高级就不再重要。假如家里有东西坏了，你或许可以请邻居帮忙修理。在这个过程中，双方都得到了社交机会，并且享受到给予和接受带来的快乐。这或许比你有钱买一台新电视所带来的好处更多。

需要技能、有意义的活动

从幸福的角度来说，关于人类本质最重要的两点真相或许是这样的：我们是**社交**动物，同时我们也是**执行者**。我们是爱人，也是实干家。前文中我们已经探讨过“社交”的部分，所以现在我们来看看做实事对于人类幸福的重要性。总的来说，当人们过着活跃的生活时，他们是最幸福的。活跃的生活意味着他们正在做某样事情，而非简单地拥有或者被动地消费。例如，看电视是一项比较令人快乐的活动，但这项活动给人带来的乐趣更接近午睡，而不是与朋友和家人聚会，它似乎也无法左右人们的幸福感。

活动很重要，但不是什么样的活动都重要。如果人的一天都用来从事一项无须动脑、没有意义、机械重复的任务，这绝对不符合任何人对于幸福的期望。很早以前，亚里士多德就曾指出能够带来幸福的活动应当具备什么样的基本要素。对亚里士多德来说，最令人快乐的人生必须是高尚的一生，或者从事卓越活动的一生。基本上，他的意思是说我们应当通过成功完成有意义的活动来施展我们的能力。在他看来，福祉不是我们最终达到的状态，而是我们或多或少去**做**的事情。我们从事的活动本身形成了我们心盛的状态。这种生活方式能够带来我们所能
70 企及的最圆满的幸福感。

研究调查结果似乎证实了亚里士多德的观点。能够产生最多幸福感的活动大致有以下两个特点，都隐含在亚里士多德的理论中：它们**需要技能**并且**有意义**。例如，心流的状态，就是人

们在成功进行某项活动时容易出现的一种幸福巅峰状态，尤其是在那种非常有挑战性、能够推动人们将技能发挥到极限的活动中。例如，娴熟地演奏一种乐器或参加一项体育运动。亚里士多德一度将快乐定义为“酣畅淋漓的活动”。人们不仅在到达心流时感到更幸福，而且频繁感受心流似乎也能提高人们的整体幸福感，甚至会延伸到没在从事这项活动的时候。至于金钱为何能对幸福产生那么大影响，主要原因可能就是薪水高的工作能够更常让人们体验到心流，同时还为人们提供了施展拳脚的机会。

不过，如果一个人内心不认可所从事活动的价值和意义，那么光凭在活动中施展技能对于这个人幸福感的影响是微乎其微的。一名律师可以极其专业地代表自己万恶的客户在辩护中撒谎，他甚至有可能在此过程中达到心流，但当一切结束的时候，他一定会垂头丧气、郁郁寡欢。一般来说，玩电子游戏可以让人体验心流，却鲜少令人感到内心充实，尽管心流通常意味着人们认为自己所施展的技能多少有一些意义。

意义实在是太重要了，因此在第七章中我会花很大篇幅去讨论它。届时我会提到，在人们从事最有意义的活动时，会**带着欣赏的眼光**与重要的人和事**产生联系**或进行互动。并且，可能只有通过这种活动才会给人带来情绪满足感。一段充实人生的前提或许就是能够带着欣赏的眼光与在你看来重要的人和事产生联系。

大自然及其他幸福的来源

我们还可以列出更多幸福的来源。其他常常被提起的影响

幸福的重要因素还包括宗教、非失业状态、实现目标、好的政府、
71 自尊等。这些因素中大部分似乎都主要通过SOARS的五种渠道来影响我们的幸福感。

现在试着回想一次童年经历，涌入你脑海的第一件事就可以。当你做这件事情的时候，你是跟其他人在一起，还是身处大自然中？有一回我跟十几个背景迥异的人一起，每个人都描述了一段自己的童年记忆，除了有一个人提起一次糟糕的经历外，其他人都描述了他们在大自然里经历的事情，也有很多人提到了自己所爱的人。

未来，我们或许会把接触大自然这一点加在SOARS列表中。越来越多文献指出，与大自然接触对于人们的幸福感和健康有不容忽视的强大影响。只要看到树木或其他自然景观就有可能帮助病患更快康复。沉浸在自然环境中既能定人心神，又能帮人恢复活力，还能在很大程度上提升注意力。确实，接触大自然是一种有效治疗注意障碍的方法。综上所述，接触大自然益处多多，或许是一项重要的人类需求。（我有一些生活在城市里的朋友不认同这一点，但我怀疑，大城市之所以吸引人，其中一个原因可能就是它们能提供非常刺激的感官体验，不管怎么说，这都更接近丰富多彩的自然环境给人的感觉，而不是毫无特色的郊区。）

我之所以没有将大自然放在SOARS列表中，是因为目前还缺乏数据来证实大自然对人类幸福有着独特的强大影响力。但是对于那些大部分时间都与大自然亲密接触的人来说，当下很多地方人们的日常生活与自然世界深度脱节，这是一件不可思议的事情。这就好像我们明明出生在卢浮宫，却选择住在杂物

间一样。

金钱：幸福的代价

正如我在本章开头所说，金钱对于人类幸福的“重要性”并没有一个固定值。就算我们假设对于任何收入水平的人来说，金钱对幸福都非常重要，我们也不能因此认为人们应该努力赚 72
取更多金钱。说不定我们应该朝这个方向努力，又或者我们应该试着改变经济分配或个人重心，从而反过来改变物质财富在我们人生中的角色。说不定我们应该努力降低金钱的重要性。

我并不是说金钱是坏东西，恰恰相反。我们只是不应该低估自己的可选项。关于金钱–幸福关系的研究结果并不能限定我们的行为模式，我们既可以坦然接受两者的关系，以此为依据追求幸福，也可以**改变**这种关系——在某种程度上，我们自己可以决定金钱对幸福到底能有多重要。关于幸福的代价尚且没有定论。

例如，作家詹姆斯·马丁离开了自己在通用电气公司那份高薪却繁重的工作，发下神贫之愿，成为一名耶稣会神父，生活比以往幸福得多。通过这种做法，他彻底改变了金钱在他人生中的重要性。当然，不是每个人都适合效仿马丁的选择，但他的案例说明我们在这个问题上有很大的主动权。

除此之外，对于当今世界金钱与幸福之间的关系有很多研究。总结来说，这些研究传达了这样的信息：对于一个国家中比较贫穷的群体来说，金钱似乎对幸福感有着很强烈的影响。而当收入水平达到某个标准之后，这种影响便微乎其微了。在美国，家庭年收入在75 000美元以下的人，他们的收入和幸福感之间还有颇为深厚的联系；一旦超过这个数字，收入对情绪幸福感的影响几乎不再有什么变化，平均来说，这种影响几乎为零（图10）。在生活费用更低的地方，收入不再影响幸福感的门槛甚至可以更低。一项针对墨西哥蒙特雷居民的调查显示，当一个四口之家的年收入超过4 000美元时，金钱便不会再对他们的幸福感产生任何影响。从世界范围内来看，收入和幸福感之间的联系也非常淡薄。这有部分可能是因为穷人一般生活在比较贫穷
73 的国家，只需要很少收入就能满足基本需求。

与此相对，收入和**生活满意度**之间的联系要紧密得多，就算对富人来说也一样。（请注意，一般在公布相关研究结果时会使用“幸福”这个字眼。）总的来说，拥有更多金钱的人自我评估的生活满意度也更高。这在某种程度上反映了金钱能够帮助人们得到他们想要的东西。即便金钱不能令我们更幸福，还是可以

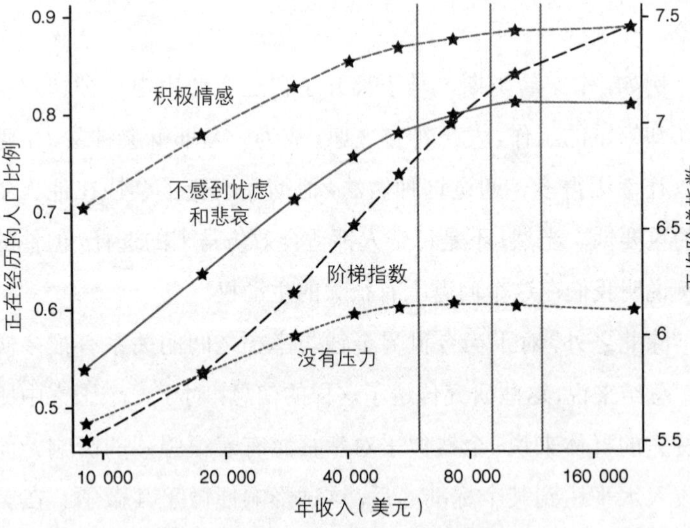

图10　美国人的幸福感和生活满意度（“阶梯指数”）

给我们带来很多好处，例如，让我们的孩子享受更好的教育，或是在灾难不期而至时为我们提供更多安全感。

也有可能生活满意度测试人为夸大了金钱和生活满意度之间的联系，原因可能是我们在第四章中指出的一些问题。例如，有钱人或许更容易从积极的角度来看待问题，即便没有获得更多他们在乎的东西，他们还是会给出很高的生活满意度评分。同样，在回答关于生活满意度的问题时，人们的重心可能更多放在物质生活必需品上，而不是家人和朋友之类其他有价值的重要因素上，因为他们每天担心最多的是如何支付账单，而不是有没有朋友。 74

进一步说，有钱人通常除了购买力之外还能享受很多好处，如更广泛的自主权、更好的政府和更有力的社会支持。例如，丹麦既是一个非常富裕的国家，同时也是世界上最幸福的国家之一。不仅如此，在其他影响生活满意度和幸福感的重要领域，它的得分也很高。一旦掌握其他这些影响因素，金钱和生活满意度之间的联系便没有那么紧密了。

对我们中的大部分人来说，金钱显然非常重要，但它似乎并没有很多人以为的那么重要。在本章末尾，让我用一个简单的例子来解释金钱和幸福感之间的关系为什么没有那么紧密。在我所知道的人民生活最幸福的地方中，有一个是人口不到1 000人的偏远村庄。尽管当地居民不算贫穷，但他们的手头也并不宽裕。除了几家很小的商店外，他们只能到几个小时路程以外的地方去买东西。没有专人将信件送至每家每户，所以人们要去邮局自取。没错，这种生活多有不便，但也有非常大的好处：邮局和杂货店成了人们的社交中心，你最好有很多时间可以在那里消磨，因为很有可能只是跟几个邻居聊了聊近况，一个小时便飞也似的过去了。由于购物不便，因此人们彼此依赖、互帮互助，感情也由此建立。在老朋友过生日的时候，可能会有好几百人（也就是大半个村子的人）为寿星筹办惊喜派对。许多居民都很长寿，大家一起度过了**很多很多**个生日，这应该不是巧合。

总结

我们的讨论结果可以总结成一些有趣的要点。首先，获得幸福所需的前提并不多，人们的需求其实非常简单、普通，如果我们不搞什么花里胡哨的噱头，反而有可能在追求幸福的路上
75 所得颇丰。不忘初心，你一定可以获得幸福。

其次，追求幸福不仅仅是一项个人事业。你所生活的**环境**对此也有很大影响。你住在哪里、跟谁一起生活很大程度上影响了你的人际关系，决定了你有没有机会从事有意义且有吸引力的工作，你按照自己的意愿生活的能力，你的安全感、放松和享受生活的能力，乃至你的生活态度。没错，在这些方面你有很多选择，但你并不能决定一切。在很大程度上，我们必须通过构
76 建更好的社群和社会来共同实现我们的追求。

第六章

超越幸福：福祉

> 告诉我，假如一个人身上很痒，他可以尽情去挠，一辈子都在挠痒，他这一生算不算是幸福的。
>
> 语出苏格拉底，摘自柏拉图《高尔吉亚篇》

光有幸福是不够的：三则案例

“我只想让我的孩子幸福。”“只要她能幸福，我别无所求。”这都是人们常说的话。这些话是否正确？幸福是唯一重要的东西吗？我们可以理解人们为什么喜欢说这种话，因为一般来说，幸福的人通常过得都不错，不幸福的人则过得很糟糕。一个人幸福与否最能体现这个人的生活质量。但幸福应该不是人生中唯一重要的东西，甚至不是最重要的。从本章开始，我们将探讨幸福在美好人生中的位置。

让我们从思考这些问题开始：对人来说，真正有益的东西是什么？蓬勃发展、欣欣向荣的人生意味着什么？简单来说，**福祉的本质是什么？**我们不应当将福祉和幸福（在本书中等同于

“情绪”幸福感）混为一谈。幸福是一个纯粹的心理学概念，就
77 像快乐、抑郁或焦虑等概念一样。相对地，福祉从本质上来说是一个关于**价值观**的问题：哪些东西对我们来说是有益的？为了孩子的利益，我们应当希望他们过上什么样的人生？

有好些原因能令我们质疑幸福究竟是不是唯一令人们获益的东西。想要获得福祉，光过得幸福似乎还不够。要理解这一点，让我们先来分析以下三则问题案例。

弄虚作假

假设你生活在未来，世上出现了很多令人惊叹的科技成果。科学家发明了一种极其复杂的“体验机器”，可以模拟人们想体验的任何现实情境。你想成为保罗·麦卡特尼吗？还是简·奥斯汀？你想在火星上漫步吗？没问题，这台机器会令你相信你真的在做这些事情，真的就是这些人。事实上，你根本无法区分体验机器里的生活和现实生活。一旦接上电源，你完全不会发现这一切只是虚拟现实。目前，体验机器的技术已经非常成熟可靠，你有机会连接一台这样的机器，并且不只是体验一晚，而是余生都连接着这台机器。从那一刻起，你的人生会像你希望的那样快乐和满意。

你会选择接通这台机器吗？大部分人的答案是否定的。在一项面向世界各地十个国家居民的调查中，每个国家的绝大部分受访者都拒绝使用这台机器。大部分国家的拒绝比例超过80%。事实上，人们觉得这个想法非常可怕，令他们回想起一些诸如《黑客帝国》或《楚门的世界》之类的反乌托邦奇幻故事。在现实生活中，这会令人们想到那些对于配偶或朋友的背叛一

无所知，从而自以为生活幸福的人。没有人会嫉妒这样的人生。

很明显，大部分人除了自己的心理状态之外还在意别的事情。他们似乎想真真切切地实现自己的目标，取得实实在在的成就，切身投入做实事当中，拥有真心爱自己的朋友和家人。他们想过上幸福的生活，同时也希望这种幸福发生在真实世界中。78
人们宁可没有那么幸福，也一定要过真实的人生。

哲学家罗伯特·诺日奇在1974年首次提出体验机器的例子，我在上文中稍微做了一些调整。这个案例影响很大，人们常用它来证明，不管是幸福还是其他心理状态都不足以成为衡量人类福祉的唯一标准。

精神匮乏

在柏拉图的《高尔吉亚篇》中，苏格拉底让我们想象一种极其没有质感的生活：在某个人的一生中，唯有挠痒能令其感到满足。79

那就是他的全部人生。这种生活令人艳羡吗？罗尔斯曾经给出过一个类似的例子，说的是一个数草的人，唯一能令他感到幸福的事就是整天计算草叶的数量。大部分人会觉得，即便这种生活不算彻头彻尾的悲剧，至少也是乏善可陈的。这种单调、乏味、一维的生活没有什么意义。人们似乎更喜欢充满各式活动和体验的多彩人生。只有这样你才能说自己真正**活过**。

同样，我们当中鲜少有人的理想是成为整天瘫在沙发上看电视的人，把我们宝贵的人生挥霍在廉价的单人娱乐上，而不去真正做点什么。让我们设想有一个邋遢鬼，他的生活就是独自一人在肮脏的地下室里看电视和打游戏，除此之外什么都不做，靠自己继承的遗产过活。追求快乐的亚里士多德摒弃这种消极

图11　电影《黑客帝国》中，一个婴儿在“体验机器”舱中开始了他的人生

的生活模式，认为它只适合“愚蠢的食草动物”。荷马在作品中描写的食莲者整日闲逛，因为摄入了过量麻醉药物而神魂颠倒，这个角色也引起了类似的关注。近期的一些电影，如《机器人总动员》和《蠢蛋进化论》等其实讨论的也是同样的议题，只是表现形式有所不同。我想，很少会有家长希望自己的孩子过着这样的生活。

或许，挠痒痒的人和终日看电视的人，他们的生活之所以没有任何吸引力，是因为我们重视个人发展或自我实现。提高和施展我们的能力是一件很重要的事情。注意，“心盛”这个广为人知的概念其实提倡的是让一个人的能力得到全面展现。挠痒痒的人、看电视的人和食莲者，不管他们的日子过得多么快乐，都只是在浪费自己的潜能。在这种情况下，这些人的生活并不完整，或者说他们**精神匮乏**。

经验缺失

有一名20岁的年轻女子，外表看起来就像一个出生20个月的婴儿一样。这名女子叫作布鲁克·格林伯格，她患有一种极其罕见的疾病——脆性X染色体综合征。患有这种疾病的人在度过学步阶段之后，智力和身体发育都会停止。尽管如此，我们也不能认定她一定不会过上幸福的生活。 80

看起来，她拥有非常可爱又富有爱心的家人。他们将她视若珍宝，享受她的陪伴，把她当作世界上最棒的礼物。或许，在格林伯格小姐感到幸福的那些时间里，我们应当说她过得很好，享有很高的福祉。然而，我们还是不免会觉得，假如一个人没办法长大成人，那么她一定会错过平凡圆满人生中的某些元素。似乎总有**某些方面**令人感到惋惜。

说到这里，我们必须小心。我并不认为残疾会让一个人本身的价值或者他的人生价值减少。我也不认为这个人一定没办法过得很好、真正取得成功。但我们还是会为格林伯格感到惋惜。假如我们的朋友或亲人有残疾，或者自己有残疾，那我们都会知道怜悯是一种非常恼人以及居高临下的情感。从某些角度来说，残疾可以丰富一个人或其家人的人生。它能激发出人身上最好的一面，让我们成为更好的人，将注意力更加集中在真正重要的东西上。假如没有这样的经历，我们可能做不到这一点。

但是，如果我们坚称大部分残疾不会给人带来**任何**负面影响，那么这种观点也很愚蠢，并且同样居高临下。脆性X染色体综合征和某些残疾患者，比如盲人，会让我们觉得他们**错过**了某些东西，被剥夺了圆满人生中的某些要素。当然，这一点并不只针对残疾人，对于英年早逝的人、从没有过性经验的人，或者像“Pop”比卡姆那样在监狱中度过大半人生、没有机会看到孩子长大成人的人，我们都会有类似感触。很多人觉得这种经验缺失是一种无法弥补的损失，更别提很多当事人自己也是这么认为的。例如，发誓禁欲的牧师或僧侣可能过着丰富多彩而又充实的人生，或许他在人生别的领域得到的比他在这方面失去的更多，但他还是会认为自己做出了牺牲，放弃了人生的重要组成部分以践行其他价值观。从他个人的角度来说，他确实错过了

81 一些东西，而且在其他方面的所得无法完全抹去他的牺牲。

所以，不管总体来说一个人的人生有多顺利，只要他没法享受普通人生中任何一项珍贵的元素，那么他的人生似乎总有遗憾，总会经历无法弥补的损失。除了幸福之外，过**圆满的人生**似乎也很重要，最好什么也别错过。（请注意，经验缺失并不代表你没法过“圆满的人生”。人生圆满与否，跟其他很多东西一样，有程度上的区分。尽管宣誓禁欲会导致某些经验上的缺失，但很多牧师依然度过了圆满的一生。）

并非所有人都觉得以上三则案例令人信服。有些人持不同看法，而且大部分关于福祉的理论（包括我自己的见解）都与其中至少一个例子有所冲突。有时我们对事物的本能反应就是错的，所以我们必须辩证地看待这些案例。尽管如此，还是有很多

人觉得它们很有说服力。

到底什么对人有益？

关于亚里士多德

在西方关于人类福祉的思考中，除了宗教之外，没有任何人的影响力超过希腊哲学家亚里士多德。他的观点直到今天依然广为流传。这倒是有些出人意料，因为他对福祉的态度一点也不现代。亚里士多德为福祉，也就是幸福赋予了非常独特的含义，认为这个概念指的是秉持美德行事的完整的一生。亚里士多德所说的美德不仅仅是我们今天普遍认为的道德，而是泛指人类的卓越品质，不仅包括公平和勇敢等我们习以为常的美德，还包括一些普通的才能，如擅长讲笑话或坚持维护自己的尊严。用今天的语言来说，“卓越品质”或许比“美德”更合适。不过我们要记住这里所说的是**全人类**的卓越品质，我们需要表现的是典型的人类的优点。亚里士多德关于美德的标准并不是他的主观看法，而是根植于人性的共通之处中。假如一个人的卓越品质体现在擅长收集瓶盖或出售来路不明的资产方面，则不在此列。

请注意，亚里士多德并没有简单地认为假如一个人践行美德、品质卓越，就一定可以说明这个人的人生很美好。你可以是 82
一个品格高尚的人，却像睡美人一样在昏睡中虚度时光。谁会想要这样的人生呢？美好人生应该由卓越的**活动**组成，重点在于你实际所做的事情，而不是你试图达到的状态。

也就是说，贫穷不意味着一个人丧失美德，却会阻碍这个人展现自己的卓越品质。当你的最佳选择就是一周工作90个小时、在血汗工厂里从事机械单调的苦工时，你几乎没有机会展开双翅并彻底发挥自己的能力。对亚里士多德来说，贫穷是坏事，因为它极大限制了人类发挥自己的机能。在最糟的情况下，贫穷会令你无法维持人的生活，迫使你屈尊成为一只以乞讨来维持生计的动物。

我希望读者现在已经能够领略到亚里士多德派学说的迷人之处。“秉持美德行事的一生”实则指的是人类应当充分施展自己的能力，积极追求丰富、圆满的人生。这种人生是非常充实的，是一个人所能经历的最快乐的人生。很多人一旦开始思考，就会觉得这种理念很吸引人，当代文化中也处处体现出这一主题，只是表现形式五花八门，如那句著名的征兵口号“竭尽所能（be all you can be）”。

总的来说，对我们有益的就是实现我们的本性，即**实现本性**。对于这一概念，有好几种不同的解读方式，其中亚里士多德的理论最为声名远扬。在古希腊研究幸福的学者中，这种理想状态广为流传。因此，我们可以将这种关于福祉的观点称为“幸福感”理论。近来，这一派理论在心理学家中颇为盛行，引发了“幸福”心理学运动。

亚里士多德福祉理论的优点之一，就是可以有力地解释，我们对之前提到的弄虚作假、精神匮乏和经验缺失这三项案例产生的本能反应为什么会是这样。在体验机器里，你实际没有
83 做任何事情；挠痒痒者的生活完全是亚里士多德理想生活的反面；而某些残疾则剥夺了人们享受圆满人生的重要元素。

尽管有很多优点，亚里士多德关于福祉的理论仍然引起了很多争议。有些人不喜欢其中的客观性：亚里士多德认为，对

人有益的东西是客观存在的，不完全取决于人们喜欢或在意什么。很多人拒绝接受这种观点，认为福祉一定是主观的。我认为，更深层的问题在于亚里士多德的学说为个人福祉添加了**外部**标准，认为对个人有益的就是过一种典型的人类生活。同样，对某头牛有益的就是过一种典型的牛类生活，做牛该做的事情。但我们凭什么要让我们所属的物种决定我们的福祉？以儿童故事中的公牛费迪南德为例（图12）。它是一头古怪的牛，不愿意参加斗牛表演，也不愿意做其他公牛会做的事情，它宁可细嗅花朵的香气。为什么不呢？这个故事的寓意就是，你所属物种中的其他成员在过什么样的典型生活并不重要，重要的是**你想**做什么。 84

（说到这儿，细心的读者可能已经发现，费迪南德案例的寓意恐怕与脆性X染色体综合征患者的例子有所冲突。假如我们

图12　公牛费迪南德

没有一个外部标准来确定制式人生的模样，我们凭什么宣称这种疾病剥夺了病人的一切呢？在这个问题上，亚里士多德的理论更加适用，而我稍后会提出更加适合用来解读费迪南德案例的观点。）

另一种普遍的反对意见主要针对亚里士多德所说关于福祉与秉持美德行事之间的关系。但这一点真的值得怀疑吗？成吉思汗是一个狠角色，他杀死了上百万人，并且使我们中很多人的曾曾曾曾不知道多少辈曾祖母怀孕，数字多到令人头疼。（当今世界每200人中就有一个是他的直系后代。）但为什么没有人说他幸福，甚至达到心盛的状态？假如以人类的屠杀本能为支点，他简直就是人类蓬勃发展的**楷模**。

美德极其重要，在下一章中我们会详细展开论述。不过，有很多人怀疑亚里士多德的美德观是否一定会对我们**有益**。

关于福祉的理论

那么我们现在能得到什么样关于福祉的结论呢？让我们先来迅速了解一下有哪些选项。关于福祉，当今四种最具影响力的理论是：

1. 享乐主义
2. 欲望理论
3. 列表理论
4. 幸福感（“实现本性”）理论

我们已经讨论过其中最有名的幸福感理论，也就是亚里士多德的理论。而处在另一个极端的**享乐主义者**则宣称，唯有快乐才是对我们真正有益的东西。这派观点巧妙地体现了人生中

享乐和受苦的重要性，却依然不能解释本章开头提出的三个谜团：弄虚作假、精神匮乏和经验缺失。 85

欲望理论认为，得偿所愿才是对人们大有裨益的事情。这是一个非常普遍的观点，尤其受到经济学家的欢迎，因为这样一来，似乎我们本人才能主宰对我们有益的究竟是什么。这种理论的优点在于，体验机器对欲望理论不会构成什么挑战，因为人们无法通过虚拟现实**真正**得到他们想要的东西，你只是以为自己得到了那些东西。但欲望理论没有办法解释错误的欲望。一般来说，人们似乎总是想要那些对他们没有好处的东西，例如渴望跟一个本质是混蛋的人约会，或者梦想成为一名律师。而且，信奉欲望理论的人既不能指责挠痒痒的人那看似精神匮乏的生活有什么不好，也不能批评一个对自己的身份安之若素的奴隶，说他的生活有什么缺点。同样，在某些经验缺失的例子中，假如当事人对于自己缺失的东西没有欲望，那么从欲望理论的角度来看，此人的生活就没有什么缺陷（就像那个身患脆性X染色体综合征的女孩一样）。

列表理论用一串客观标准来定义福祉，例如知识、成就、友谊和快乐。假如你缺少列表上的什么东西，即便你不想要或不喜欢这些东西，那么你的福祉也不全面。列表理论的好处就是，你可以把一切看起来重要的东西都放在列表里，这样大部分问题就不攻自破了。缺点在于，列表内容可能过于武断，而且不怎么有助于揭露福祉的本质。

一切反对意见都非定论：上述所有观点都有巧言善辩的拥护者，他们要么拒绝承认我们前文讨论过的本能反应，认为替代选项更糟；要么改变自己的说辞，用自己支持的理论来分析那些本能反应。比如，欲望理论的支持者就常常辩称，只有明智的理性欲望才算数。但并没有人直接反驳最根本的疑点，而那些改头换面之后的理论自身也有严重的问题。

当代幸福论：自我实现

让我们回到幸福感理论的怀抱。说不定我们能找到一个理
86 论，既像亚里士多德的理论一样注重实现自我本性，又不具有那么强烈的客观性。在英国哲学家约翰·斯图尔特·密尔充分展现真才实学的名篇《论自由》中，他探讨了个人权力的价值，刻画了一个更现代、更注重个性的理想状态，我们可以将之称为**自我实现**。自我实现意味着按照自己的**本性**而活，以自我为主导。在理想的自我实现状态下，福祉事关个人性格，不管这个人的个性多么古怪。

按照这个观点，对人类来说习以为常的事情未见得就是对你有益的事情，就像一般公牛习惯的生活对费迪南德的福祉来说毫不重要一样。重要的是你是一个什么样的人。有可能你生下来就是同性恋，那是你的本色。至于异性恋是不是主流，或人类的主流性取向是什么，对你来说根本不重要。起决定作用的是每个人的个性，同性恋一样可以茁壮成长，通过活出真我来完成自我实现。

我不会尝试在本书中给出有关自我实现的完整理论，但哲学家L. W. 萨姆纳的观点或许能帮我们一窥通往幸福的途径：他认为福祉就是**真实的幸福**。为了获得真实的幸福，你的幸福必须扎根于你的生活，反映你的本色。体验机器所带来的并非真实的幸福，因为这种幸福并非来源于你的生活。同样，“幸福

的奴隶”和遭到洗脑的受害者，他们获得的幸福也不真实，因为这种幸福所折射出的价值观并非他们内心的真实想法。

或许，正是这种对于幸福真实性的思考，导致了人们对于通过科技手段改造人类表现出普遍担忧，比如使用“道德药”把人改造得更完美，或通过基因工程改造让你的孩子更聪明。诸如此类的人为操纵会降低幸福的真实性，甚至有可能让你的行为和情绪不再那么具有**你的特色**。在未来几十年里，这个问题或许会得到更多关注。 87

不管自我实现还牵涉到什么，我认为其中一定隐含了真实的幸福。你的价值观或决心帮助塑造你的个人身份，说不定自我实现就包括在这些你关心的领域取得成功。举例来说，成为家长或内科医生可能是你个人身份的一部分，那么，假如你成功当上了一位好家长或好医生，对于你完成自我实现会有很大帮助。

即便如此，我们还是没有一个完整的关于福祉的理论。不过以上内容应该能帮助我们思考幸福在更大范畴内的角色。不管哪种理论是正确的，我们都可以肯定，幸福对于人类的繁荣发展至关重要。

谁有资格下定论？

> 研究表明：纽约人是美国最不幸福的人群（因为跟那些懒惰愚蠢的乡巴佬不同，我们勤奋工作并且阅读）
>
> 摘自《纽村之声》近期文章标题

引文所提到的那项研究确实指出，路易斯安那州和美国其他各州的人民都比纽约人更幸福。这是不是说明路易斯安那州人确实**过得更好**呢？有些人表示同意，有些人则持相反意见。

但没有任何实验能够彻底解决这项争端，因为这本质上是价值观的分歧。纽约人或许更看重成就，而路易斯安那人则更注重享受。他们就是**奋斗者**和**享乐者**，未雨绸缪的蚂蚁和及时行乐的蚱蜢。说不定一个关于福祉的哲学理论能解决这个问题：假如这个理论能够证明，对于人类福祉来说，成就比享受更重要，那么纽约人就是正确的，他们确实比路易斯安那人过得更好。

但"价值观"是一个神秘的东西。它不像电子和大象那样有明确的解释，没有人能定义价值观是什么，它们究竟从哪儿来，是否真的存在。我们为什么要相信那些窝在扶手椅里编造理论的哲学家呢？说到这儿，你可能觉得我们永远也没法裁定纽约人和路易斯安那人究竟谁过得更好了，毕竟这是观点的碰撞。

为了消除怀疑论者的恐惧，让本书得以继续进行下去，我来提供一个简短的答案。为了实现本书的目的，我将假设价值观完全是人脑的产物——是我们人类将价值观投射到现实世界中的。万事万物都是在合适的条件下，在我们人为划定的范围中，得到或好或坏、或对或错的判断。

我不认为这个世界上存在一组"完全正确"的价值观，也不会幻想世界上所有理性的人都会赞成同一组价值观。正确答案总是或多或少与我们正在研究的人群有关。不过通过反思，我们会发现对于正确的价值观选项有比较明确的界限，即有些价值观是**经得起反思的**。就算有不同的正确答案可供选择，我们依然可以看出哪些答案明显是错误的。

例如，很多人会告诉你，只有幸福最重要。但我们只要略微反思一下体验机器的例子或者那个挠痒痒的人，就会像丢开烫手的土豆一样放弃这种想法。这就证明认为唯有幸福最重要的人是错误的，只要他们自己停下来进行思考，也会摒弃原本的看法。

或者我们可以从道德的角度来评价人类如何对待动物。如今，很多美国人都持有如下一系列观点：食用从一般超市里买来的猪肉和牛肉没有问题；用相同手段对待狗和马是不道德的；猎鹿也是错误的。我不确定什么才是正确的食肉道德观，不过我倾向于认为食用适量经过人道主义方式处理的肉类是可以接受的。在我家附近，用步枪子弹打穿小鹿的脑子、啃噬它的骨头 89
几乎就是在为环境和人类做贡献，这甚至有可能是你整年吃过的最人道、最环保的一顿饭。（要知道，种庄稼会威胁到无数小动物的生命，超市里出售的工厂养殖肉同时是环境、健康和人道主义的噩梦。）

你可能不认同我的观点。没关系，我向任意一位读者发起挑战，请你们厘清上文所述那套观点的逻辑。我认为，一切能让那套观点说得通的解释都是疯言疯语。在这个问题上，许多人的道德观根本就源于廉价的多愁善感加上不堪一击的逻辑。

在这种问题上，哲学反思会有很大帮助。它能引导我们扫去耳朵里的蛛网，让我们更清晰理智地看待价值观。有时我们会就一个简单的答案达成共识，正如在当代，几乎所有有文化、有反思精神的人都会接受人人平等的理念。只有在依然囿于中世纪文化的犄角旮旯，我们才会找到相信奴隶制没有问题的人。

也就是说，即便不是所有的价值观都可以被大家一致认可，但出于人类共通的本性，依然有可能存在具有普适性的价值观。当共识无法达成时，我们只要承认有可能存在不止一组经得起反思的价值观就好了。说不定自由派和保守派都没错，说不定双方观点都可以对理智的人有所启发，帮助他们应对复杂的生活。但这不表示任何价值观都可以被接受，例如我们应该坚决抵制法西斯主义。

简单来说，我们不需要通过任何神秘或超自然力量就可以对价值观进行判断。我们可以为相对性和非唯一性提供大量空间，同时又不成为一切皆可行的主观排序者。我们依然可以认
90 定，生活方式是有高下之分的。

第七章

跳出自我：美德和意义

“J. F.，你在这一定挺孤单的吧。”

“没有呀。我能自己**制造**朋友。它们都是玩具。我的朋友都是玩具。是我制造出来的。这是我的爱好。我是一个基因工程师。”

摘自普里斯和J. F. 塞巴斯蒂安的对话，电影《银翼杀手》

两种遗产

1889年的某一天，我的高祖父雅各布·图特消失了。这是一个非常不幸的时间点，因为当时他年轻的妻子已有身孕，腹中怀着他们的儿子爱德华。没有人知道雅各布的下落，说不定他被人谋杀了。更有可能的是，他离家出走，抛弃了自己的家人。（有一些证据表明，很久很久以后，他在得克萨斯州一间老人院度过了最后的时光。）不管怎么说，他的儿子爱德华持后一种看法。他对父亲不加遮掩的背叛满腔怨恨，再加上多次遭受厄运的打击，最终造成两人死亡，另一个人的人生被毁，多人受伤。

加在一起，雅各布·图特的失踪对家族至少四代人造成了延绵不断的折磨。据他已知的后代表示，这就是他唯一的遗产，是这个人留给世间的所有东西。除此之外，我们对他一无所知。

我的另外一位高祖父比利·麦克卢尔，养大了将会成为爱
91 德华妻子的女人——扎达。扎达几乎以一己之力养大了我的父亲。比利自学成才，学识渊博，在南俄亥俄州以卓越的辩论技巧著称。（我愿意不惜一切代价得到他的图书馆，然而他那虔诚的妻子在他死时将所有书付之一炬。）比利还以诚实和慷慨而扬名。家族流传的故事号称，比利可以走进任何一家银行，跟人握个手，就得到一笔贷款。然而这些特质却令他倾家荡产，失去了几间杂货店和一家乡村小旅馆，因为太多人沾了他的光得到贷款，却无力还钱。因此，当我父亲出生时，家里已经一贫如洗。我不知道比利的思想在本书中占有多少篇幅，不过最后一章里我们会谈到扎达的一些观点。总之，比利给子孙后代留下了一大笔珍贵的文化和精神财产，帮助家人度过了贫穷艰难的日子，而同样的困境却击垮了爱德华。比利创造了福泽绵延四代人的真正财富，其影响力仍在继续。

说不定这两个人在世时都不曾过着非常**幸福**的日子。但在算总账时，本人幸福与否似乎并不是他们人生中最重要的事情。我认为，更重要的是他们曾经做过什么，曾经有过什么贡献，他们为后辈提供或没有提供什么样的优势，以及他们究竟行事磊落还是恶劣。

美德优先

我们已经知道，福祉不一定跟美德有关。像成吉思汗这样

的狠角色也有可能功成名就。但这绝不意味着美德不重要。

即便从私利角度出发，美德也未见得是坏事。大部分家长似乎也意识到这一点，并试图将自己的孩子教育成正派的人，这也是因为他们觉得诚实、公平、有同情心和忠诚等美德对孩子有帮助。一般来说，没有人愿意跟无法信赖、冷酷无情的恶棍做朋友。并且，在第五章中我们也提到，关心他人、帮助他人会给我 92
们带来更多幸福感。无论如何，大部分人都立下了道德上的承诺：我们重视诚实、忠诚、友善和正义。违反这些价值观，就意味着我们变成了自己眼中的失败者。在大部分人眼里，不道德的生活会让人付出惨痛的代价。

不过，没有人能够保证不道德的行为永远无法让人更幸福，甚至可能会过得更好。我们也不能保证坏人一定过不好，至少从传统标准来看是这样。亚里士多德的信徒和其他坚信美德具有内在益处的人倾向于认为这种妥协令人担忧。有时，人们似乎担心一旦承认我们能够从不道德的行为中获利，我们将再也无法严肃地看待美德或道德。但事实并非如此。其实，在规划美好人生的时候，很少有正统的思想家不将美德放在头等重要的位置。

几乎所有伦理哲学家都赞同一个观点，我们可以将之称为**美德优先**论：大致来说，人的一生中对美德的需求远远排在其他价值观前面。就算行事恶劣能给我们带来更多幸福感或各种好处，也坚决不能这样做。基本上这是哲学领域人人皆能达成共识的看法，当然，哲学家对于美德究竟意味着什么依然有很多争论。对大多数人来说，美德意味着依照道德规范行事，就算有不得不例外的情况也不能倡导行事不端。例如，尼采就不是传统道德观的维护者，但他也没有鼓吹人们远离受人尊敬的生活。很多哲学家也同意，在某些情况下，与道德无关的因素会胜过道德要求。比方说，假如你发现遵守承诺去电影院见朋友会令你丢掉工作，那你也只能爽约。不过，底线在于我们不能行事恶劣。

美德是不是一定能造福人类是一道古老而有趣的辩题，但
93 这可能并不是问题的关键。不管美德对我们有没有好处，大部分人都同意，美德，包括道德，是我们人生的重中之重。

幸福的权利？

关于“美德”的长篇大论可能略显枯燥。让咱们暂停一会儿，思考一下美德在我们追求幸福的过程中到底扮演什么样的角色。很明显，我们不能以幸福之名行事恶劣。让我们看看接下来这种有可能出现的情况。

“我有权利获得幸福。”听到这种话，你可能想撒腿就跑，因为一般后面不会跟着什么好消息。当有人这样说的时候，很明显，说话之人正在试图为自己的肮脏举动寻找借口，因此我们不会将这句话当真。但人们还是常常听到这句话，至少在我周围是这样。那么这句话是否有一定的道理？

一个字就能回答：否。没有任何人有权利获得幸福。美国《独立宣言》中根本没有记载这样一条权利，只是说人们有追求幸福的权利。也鲜少有哲学家提出“获得幸福的权利”这种概念。

让我进一步论证我的观点。假如一个人说“我有权利获得幸福”，跟他说“我有权利嚼口香糖”的意思一样，那么当然，我

们有权利获得幸福。获得幸福没什么不对。但通常人们不是这个意思。他们这样说的时候，意思就跟履行完工作合同之后，告诉老板“我有权利得到工资”一样。说话者在强调他对幸福的所有权，认为这是他应得的，这个世界或某个人欠他这份幸福。

除了“受到尊重”之外，一个人是否有资格得到任何东西，这一点还有待商榷。即便如此，“某人被欠下幸福”这一表达还是显得非常站不住脚，几乎没有正统思想家提出过类似概念。或许我们有权利得到影响幸福的必要条件，但这并不意味着任何人能够拥有真正获得幸福的权利。 94

这种关于是否有权利获得幸福的错误表达其实体现出背后一个更大的错误思路，叫作“整个宇宙都欠我的”。例如，持这种观点的人认为，只要自己品行端正，就应当获得回报。他们并非期盼任何一个具体的人给予这种回报，而是认为……整个世界都应该报答他们。例如，在面对关于行为是否环保的质疑时，一个常见的辩解就是：“我工作很努力，所以这些好东西都是我应得的。”说不定，当一名亚利桑那州的房屋业主为自己的房子安装极其铺张浪费的用水系统，用来保养自己在沙漠中那块郁郁葱葱的草坪时，她可能确实没有做错什么。但要说这种浪费资源的权利是她**应得的**，则一点也不令人信服。对我们中大部分人来说，努力工作是应该的，也没必要因此获得任何奖励。

人生并不公平。有些人什么也没做错，却偏偏无法获得幸福。有些人被困在不幸福的婚姻中，却又觉得婚姻没有糟到要让孩子经历父母离婚的痛苦。还有一些人年纪轻轻，却因为心脏病猝然离世。没有人有资格获得幸福。但即便是注定过着不幸福生活的人，也依旧可以拥有美好人生，而且其中大部分人确实做到了。在最后一章中我们还会进一步讨论这个问题。

另外一种错误就是滥用人们确实享有的权利。假设有个人买了一块土地，然后不顾邻居的恳求，建了一栋又大又丑的房子，挡住周围商户原本拥有的美景，害得客人离去，并且惹恼了他周围的每一个人。原本很多住户被当地静谧的环境所吸引而来此安家，但这个人整天开动噪声震天的机器，打破了社区的宁静。为此，有些邻居不得不将自己的住宅或商铺登记出售。

读者朋友们一定知道，当邻居恳求这个人时他会怎么回答：
95 “我有权利任意处置我的资产。”

这是一个非常荒谬的理由。这个人可能确实没有说错，这是他的权利，他也没有违反任何法律法规。说不定也没有任何人有资格从道德上阻止他这么做，甚至没有资格向他索赔。不管怎么看，他似乎都在援引人们对权利的正常理解。我们姑且允许他持有这种观点，同意建造那栋令人不快的住宅确实是他的权利。这是一个天衣无缝的辩护吗？

假如这个逻辑行得通，那么我们可以简短地列举自己应当享有的权利。你有权利不去探望生病住院的妻子；你有权利当一个冷漠无情、麻木不仁、不体贴的人；你有权利惹恼你身边的每一个人；你有权利告诉你慈爱的祖母，她看起来跟骡子屁股一样；或许在你有余粮跟人分享的时候，你有权利让自己的邻居忍饥挨饿。总结来说，你有权利做一个卑鄙恶劣的混蛋；你有权利当一个糟糕透顶的人，过着糟糕透顶的生活。但你肯定没有任何**正当理由**做以上这些事情。

人们之所以可以互相包容、共同生活，文明之所以能够存在，就是因为所有人都愿意**限制行使自己的权利**。这么说吧，当你需要援引自己的权利来做某件事的时候，你只不过是觉得其他人没办法强行阻止你做这件事，并且在事情发生之后也不能向你索取赔偿。很明显，假如我们对自己的要求就是不要做别人可能强行制止我们，或者会给我们带来赔偿诉讼的事情，那么我们的人生很快就会像英国哲学家托马斯·霍布斯（1588—1679）所说，是“肮脏、野蛮、短暂的”。假如一个社会当中人人都以“我有权利”来作为挡箭牌，那么这个社会已经陷入万劫不复的泥沼之中。

或许是因为大家纷纷意识到这种问题的存在，因此现代英语词汇中已经出现一个专门的词，来形容这种以行使权利为名行下作之事的人，并且这种说法广为流传。这种人可能严格来说没有欺负任何人，他们按时付账、从不撒谎等等。他们甚至有 96
可能在某些人看来是好人。但他们非常不体贴他人，你很难跟这种人生活在一起。我们把这种人称为“混蛋”。

在追求幸福的过程中，一个人不应当变成混蛋。

意义：与重要人物和事物的联系

一个谜题

我一直在强调道德的重要性，但举止得体、好好生活远不止恪守道德规范这一点。我们不只欣赏品行高尚的人，假如有人友好、机智、适应能力强，即便这只是在践行普通美德，也会获得我们的青睐。用一个简单的短语来形容这种人，就是懂得享受生活的人。“她很会生活”是一句至高的赞誉。在成长过程中，最残酷的批评之一就是指责我们温吞、软弱、骄纵，搞不定自己的事情，或是半开玩笑地说：“拿炸药对付你都嫌浪费火药。”

好好生活的另一个重要部分与**意义**有关。在这里，意义指的是与重要人物和事物的联系。我们所追求的不仅仅是快乐，或过得不错。我们也想把人生用来追求有意义、值得的事情。我们已经知道，这样的行为会让我们更幸福。但除此之外，就算暂不计算这些事情给我们带来的幸福感，它们本身也值得去做。

近年来，有孩子的人开始越来越关心有意义的人生这个课题。为什么呢？某些研究结果显示，生孩子并不会让我们更幸福，甚至有可能起到反作用。这些研究似乎刺激到很多家长，因为他们普遍不愿意相信自己可爱的宝宝竟然会让自己的人生变得更加糟糕。多少年来，我们一直在跟自己未育的朋友灌输育
97 儿的快乐故事，这样的结果有些叫人尴尬。

这些研究有可能是错误的，事实上也有学者提出这种指控。但它们可能没有**那么**错误。至少在我周围是这样。（或许确实需要集一村之力才能养大一个孩子，但很多人只有一个严重休息不足的伴侣来帮忙陪孩子玩耍，爱护、训导、打扮和哺育小孩，有些人甚至连这样的帮助都没有。）对很多家长来说，假如他们晚上可以出门喝一杯，就能极大地增加幸福感，尽管他们并不需要酒精。然而，无论孩子有没有令我们更幸福，为人父母的人依然很难摆脱孩子让我们的人生好得**多**这一坚定信仰。要么就是我们深陷无法打破的错觉，要么就是孩子确实给我们带来了幸福之外的收获。究竟是怎么回事呢？一个明显的答案就是，孩子让我们的生活意义重大。让我们看看这究竟意味着什么。

意义的根源：是欣赏还是喜欢

前文中我们已经探讨过，人际关系和活动对于幸福的重要

性实则反映了我们人类作为社交动物和执行者的本质：我们既是爱人，也是实干家。意义对于幸福的重要性则反映了人类本性的第三个层面：我们同时也是**懂得珍惜的人**。我们不仅仅像小狗一样渴望或喜欢什么东西，我们还会珍惜这些东西。珍惜一样东西表示这样东西对你来说很重要，你应当渴望它，你有充分理由以某种特定方式对它做出回应。例如，你不仅喜欢做一个正直的人，你还珍惜正直这项品质，认为自己应该坚持做一个正直的人。这不仅仅是因为你喜欢这项品质，还因为品质本身值得人坚持。当你略有差池，在某些情况下无法保持正直的时候，你不仅会感到沮丧，还会感到羞愧或内疚，因为你没有达到自己的期望。

就算你不珍惜某样东西，依然可以渴望或喜欢它。一个正在戒烟的人可能非常渴望一支香烟，但同时觉得自己根本不应该渴望这支烟，没有正当理由抽这支烟。同理，我很喜欢卡夫芝士酱（一种装在喷雾罐里，能喷出铀黄色人造“芝士”喷雾的零食）。对我来说它很美味，但我从中得到的快乐既廉价且没有意义。我不觉得卡夫芝士酱有资格吸引我的胃口，也从来没想过 98
要把它介绍给别人欣赏。就连**我自己**也不欣赏这种食物。我只是喜欢它，就像我的狗喜欢狗饼干一样。卡夫芝士酱完全是垃圾食品。

但是当我坐下来参加一场美妙绝伦的烤肉盛宴时，情况就不一样了。我知道料理这种宴会需要下大功夫。准备工作于小处见真章，只有具备真才实学的厨师方能担此大任。没错，我喜欢宴会中的烤排骨，但同时我还能**欣赏**这些烤排骨以及厨师在料理时所展示的技艺。假如把这种美食喂给我那不懂欣赏、最多把排骨当成超级美味狗粮的宠物，那简直可耻。我可能会想向刚来参加宴会的朋友解释厨师工作的精妙之处，希望她也能像我一样欣赏这些食物。这餐饭不仅令人快乐，而且回味无穷，让人满意。假如有良朋相伴就更完美了。

尽管我们一般不会把晚餐形容成什么有意义的体验，但我们也不会觉得上文提到的这种饷宴只不过是廉价、无意义的享乐。（耶稣选择以一顿晚餐结束自己的生命是有原因的，而且我们都知道那个故事不叫《最后一次上汽车餐厅》。）能与至交好友共享佳肴美馔，是一种非常有意义的特权。

欣赏和**喜欢**之间的区别就是人类和单纯的动物享受之间的重大区别，也是内心充实和纯粹享乐之间的区别。在欣赏一样事物的过程中，我们体会到它有多么珍贵、重要、值得渴望，而不仅仅是像狗喜欢自己的食物那样感到快乐。我们会发现，欣赏在有意义的人生中至关重要。

人生中的主观意义和客观意义

让我们先来探索意义的主观性：我们自己感觉到人生有意义。我认为，当一个人觉得自己的人生有意义时，就表示这个人**带着欣赏的态度参与了自己觉得有价值的活动**。例如，任何形式的卓越或美，甚至仅仅是一个人所拥有的内在价值，都在此
99 列。用大白话来说，就是当我们感到自己与重要的人或事物有联系时，我们的生活就是有意义的，人生非常值得。这似乎有些抽象，需要我们进一步论证，但是基本上概括了我们的主要观点。

为了帮助大家理解，在这里我会引用一位对我影响深远的

哲学家斯蒂芬·达沃尔所举过的例子。丹尼尔·戈吕布是一名钢琴演奏家，当他技艺精湛地演奏一首钢琴名曲时，会完全迷失自我、陷入狂喜。这就是一个带着欣赏的态度参与自己觉得有价值的活动的例子。演奏家认识到音乐和演奏的卓越性，并且为自己与这些宝贵的东西产生联系而感到欣喜若狂。此类经历都极其有意义。我个人更喜欢这个例子（图13）。

图13 滚石乐队的基思·理查兹正在忘我演奏

假如你**感到**自己的人生很有意义，这是否可以说明你的人
生真的有意义呢？假设你是一个疯狂的帝王，以颁布自己觉得 100
重要，实则荒唐残暴的政策为乐。从你的角度来说，你确实跟自己觉得重要的事情建立了联系。这能否说明你的人生很有意义？哲学家对此持不同观点，但假如判定这种生活一点意义也没有，又未免太过极端。即便你个人的目标完全没有价值，它们

对你来说依然是有意义的。旁人又有什么资格认定你的人生一点意义也没有呢？主观意义应该也有一点分量。

不过，假如你能够参与真正重要的事情，那你的人生不就有意义得多了吗？有意义的人生，部分原因就在于做真正有价值的事情。当人们说起有意义的人生时，会以马丁·路德·金或特蕾莎修女为楷模。这里所说的意义可能并不是针对当事人来讲，而是指这些人将他们的人生奉献出来，取得了伟大的成就，从而使他们的人生充满意义。任何人生，只要奉献给有价值的目标，都是有意义的。

因此，与对你来说有价值的事物产生联系，和与真正有价值的事物产生联系，都可以形成意义。我们把这两种意义分别叫作**主观**意义和**客观**意义。最有意义的人生其实是二者的结合。因此，讨论意义这个中心议题时，**带着欣赏的态度参与自己觉得有价值的活动能让人生充满意义**。哲学家苏珊·沃尔夫曾写下类似的观点：“当一个客观上有吸引力的东西对人形成主观上的吸引时，便产生了意义。”即便没有主观意义，人生一样可以有意义。例如，有时我们明明在做好事，但自己并不欣赏其中的价值。同样，当我们错误判断自己行为的价值时，尽管失去了客观意义，但人生依然有意义。不过，一旦主观意义和客观意义其中任何一方缺席，人生的意义便不完整了。

意义的重要性

很明显，过有意义的生活似乎是一件重要的事情。但**为什么**重要的理由却不那么明显。意义如何改善我们的生活？在第
101 五章中，我们知道有意义的活动是幸福的一大主要来源。事实

上，我怀疑只有在觉得自己的人生有意义时，我们才能感到情绪上的满足。我们可以把情绪满足当作喜悦和协调的综合体，只有当我们带着欣赏的态度参与自己觉得有价值的活动时，我们才会产生情绪满足。当我们意识到好事正在发生并且与我们有所关联时，便会产生喜悦感；而当我们意识到自己正在做应该做的事、正在成为应该成为的人时，则会产生协调感，这是一种完成或满足的感觉。目前人们尚不清楚，假如一个人不觉得自己的生活有意义的话，要怎样才能达到这种情绪满足状态。

同时，有意义的追求并非总能让我们更幸福。有时追求的道路上充满艰难，压力重重。一位艺术家、科研人员或政治家，可能过着非常有意义的生活，但并没有特别幸福。再回到孩子的问题上，尽管孩子给我们的人生增添了很多意义，却不一定会让我们更加幸福。那么，意义究竟是如何造福人类的呢？

其中一种可能性是，有意义的体验本身就是一次很好的经历。也就是说，做某件事不但令你感到快乐，而且对你来说也是一项积极的经历。说不定，只要某项体验是快乐的，有意义的，或值得的，我们就能从中获益。

另一种大家熟悉的想法就是有意义的人生一般都更加**成功**。通过做我们觉得有意义的事情，我们就已经在自己关心的领域取得了某种成功，例如，当一个好爸爸或者好朋友，帮助他人，创造美，推动人类知识的发展或在运动方面取得成就。这种成功似乎会让我们的人生体验更棒，更别说还能提升我们的幸福感。

最后，就算有意义的追求对我们没有任何好处，它们依然可以是值得去做的事情。许多持不同政见者为自己的理念付出

了惨痛的代价，其中有些人假如转而追求不同的事业，很明显会过上更好的生活。但不管他们的奋斗有没有给他们带来好处，
102 都为他们的人生赋予了浓重的意义，因为他们的付出有很高的价值。

总结来说，假如我的看法是正确的，那么**美好人生的主要组成部分就是跟真正重要的东西产生联系**。这也决定了我们应该努力让自己的人生充实、有意义、有价值。基本上，各大主要宗教学说里都有类似观点。例如，托马斯·阿奎那[①]就认为人的理想状态是与上帝联合，体会真福直观。而我们的目标，本质上就是跟美好尽可能接近。

意义和当代生活：欣赏者和消费者

让我们看看如何将以上这些论点应用在我们的日常生活中。建立联系与得到任何你碰巧想要的东西是截然不同的两件事，然而自霍布斯提出他的理论以来，后者已经成为现代人普遍认可的观点。在谈到达沃尔与亚里士多德一脉相传的理论时，我们讨论过一张图片，体现出人们是懂得珍惜的，所追求的是与他们应当渴望的东西产生联系。世上万物的价值并不来源于人类一时间的突发奇想，我们只能慢慢发现它们的价值。我们需要提醒自己时刻注意，不能让自身欲望脱离真正重要的轨道。我们教育自己、陶冶自己，有部分原因是为了训练自己更好地欣赏事物的价值，并在这个过程中丰富我们的人生。简单来说，为了建立联系，我们会去追求一种能抱着欣赏的

① 意大利神学家。——编注

态度参与有价值的事情的人生——我们希望自己成为所谓的**欣赏者**。

按照霍布斯派的观点，我们都是残忍贪婪的人，只想尽情满足自己的欲望，主流经济学也体现了这一点。至少我们都想让自己免受饥饿的痛苦，我们只不过是一群人形腹足类软体动物，是长了腿的胃袋而已。就像聪明的狗会一直追逐更多狗粮一样，我们觉得自己的欲望理所当然，不需要仔细审视，不需要反思，不需要改进。在霍布斯派看来，整个世界就是一个可以拿来使用和消费的东西，世界的价值完全取决于个人一时的异想天开。你不需要跟他人产生联系，跟他们签合同就可以了。或者，103
假如你像《银翼杀手》里的塞巴斯蒂安一样是个疯狂的基因工程师，你还可以随心所欲合成复制人。这整个过程中不牵涉到任何欣赏的成分，只是因为你**想**这么做。对于这种怪兽，我们熟悉的称谓是“消费者”。

我在一个度假胜地住过几年，当时我注意到游客们有两种了解当地的方式，那是我第一次开始区分消费者和欣赏者。很多人是欣赏者，他们带着开放的思想来到景点，调整自己去适应当地的氛围，享受原汁原味的地方风情。其他人则是消费者，当地人管他们叫“观光客”。这些人似乎以为当地的风土人情应该主动取悦或娱乐他们。“什么，这儿竟然没有迷你高尔夫？”“为什么在这里找不到一杯像样的卡布奇诺？”“我好无聊啊，这里无事可做。”就好像他们全然不知自己正身处这个星球上最美丽的地点之一似的。时常有人无视“禁止擅入”的警告标语，冲进家庭墓地，随意踩踏，只为拍得一张搞怪的照片。想明白我的意思，你们还可以观察图14这张照片中的部分度假者。

图14　游客在老挝的琅勃拉邦拍摄当地僧侣

这张照片摄于另一个旅游景点，某些人在僧侣们每日例行寻求布施的时候强行拍摄照片留作纪念。

我怀疑几乎没有什么东西会比这种态度更能剥夺人生中的
 意义、尊严或喜悦。当一名欣赏者比消费者要好得多。

幸运的是，很少有人会在生活中全盘接受霍布斯式冷酷无情的世界观。在工作、运动、艺术和自然中，在与美、爱好、优秀作品的接触中，最重要的是，在与他人建立联系的过程中，我们与价值产生了联系。事实上，说不定我们喜欢从事的大部分活动都能提供一些意义。在市场经济中，只要我们处事笃诚，大部分有偿工作在某种程度上都是有价值和有意义的。我年轻时有几段比较有意义的生活，其中一段的主要内容就是赚钱然后自己付账单。那是16岁那年的夏天，我收拾行装去了另一个州，租了一个床位，通过在餐馆里擦桌子来支付自己的开销。自力更生本身就是一件很有意义的事情。假如你的工作是卖鞋子，那么你不仅通过从事这项工作来养活自己和家人，还为你的老板和顾客提供了有价值的服务。你的酬劳体现了你为他人创造的价值。这一切都是有价值和有意义的。（当然，很多工作岗位散发出的意义**感**比较淡薄，因为你的劳动果实不一定能在日常生活中体现出来。）

同样，你可能会从一场非常精彩的足球赛中发现值得赞美的东西，因而觉得参与这场球赛既有意义又令人满足。假如你在**收看**电视转播的足球赛时，不仅获得了乐趣，而且很欣赏球员的技术，那么看球赛也变成了一件令人满足的事情。这与欣赏芭蕾舞表演或歌剧表演难道有什么不同吗？当然，亲身参与一项活动会比仅仅欣赏他人的表演更令人满足。我们既可以作为执行者，也可以作为旁观者来参与一项活动。

或许，在所有带着欣赏的态度参与活动的形式中，最重要的
一种就是**社交**参与：同别人一起说话和做事，或者为别人做事。
除非你是一个精神变态，不然你一定会在他人身上发现价值，并
且知道通过给别人适当的回应也能创造价值。事实上，对我们
中的大部分人来说，他人似乎是我们的**主要**价值来源。由于人
类交际的复杂性，我们彼此之间的互动需要极大的敏感度、洞察
力、技巧和人情教养。假如你觉得不太看得出来，那只是因为人 105
们太擅长这一切了。即便像与人融洽对话这样基本的事情也是
一门艺术，需要大量智慧和练习。

哪怕只是单纯地跟朋友聚会，也可以是一件非常有意义和令人满足的事情；为朋友做事更是如此。既然大部分人都有社交生活，这就说明一个人不一定非要追求伟大成就才能过上有意义、充实的人生。很少有人真的会像无脑的消费者那样过着空洞、无意义的人生。

总结：幸福在美好人生中的位置

我无法自信地列举出美好人生中所涉及的一切有价值的东西。但我已经指出，幸福只是人类福祉的一部分，而非全部。就算不考虑福祉，我们还是应该规行矩步，美德依然是人生中的第一要务。过有意义的人生既有助于我们的福祉，也能提高我们的美德。

这是否意味着幸福并不重要呢？当然不是。健康也不是唯一重要的东西，但没人能否认健康的重要性。还记得我们在第四章中虚构的由多尼亚和马尔多尼亚这两个国家吗？你会觉得不管住在哪个国家都不重要吗？幸福不是人生的全部，但依旧重要，而且可以说非常重要。一个像马尔多尼亚那样的社会里存在很多严重的缺陷。

本章和最后一章都强调，幸福和道德之类的美好人生要素之间区别很大。有时它们会朝不同方向发挥作用，但大部分时候它们还是齐心协力。总的来说，从任何合理的角度来看，能够带来幸福的生活方式一般都是**美好的**生活方式。

现在我们来看图15中的这名女子。光凭这张照片，我们无
106 法确定她是否幸福，或者是不是好人。但我猜她给**你**的印象应该是一个幸福的好人。一般来说，自私、浅薄、尖酸的人看起来不像这样。我想，那种人看上去一点也不幸福。

托马斯·梅特医生是俄亥俄州克利夫兰市的一名家庭医生，他是我所认识的看起来最幸福的人之一。就像我遇过的大部分最幸福的人一样，不对，应该说就像我遇过的所有最幸福的人一样，他的幸福大部分来源于对他人的关心。他的一生确实

图15　一名年轻的藏族女子

都在为他人奉献。当他走进一间屋子的时候，所有人的心情都会变好。就算你在床上奄奄一息，他也有办法叫你开怀大笑。

梅特医生能看到每个病人身上独一无二的特质，而且他似乎天生就能察觉到别人的需求，知道该说什么样的话。他可以严厉地警告你减肥或戒烟的必要性，却丝毫不让你产生想为自 107
己辩解的冲动。他知道家属跟病人一样需要关怀和睿智的开导，我相信他一定引导了很多家庭共同度过生命中最艰难的时光。假如有需要，他会在夜间进行家访。情况紧迫时，他也会通融一下，为病人提供所需的条件，例如征用医院的设备从而让病人可以在自己家的床上离世。假如病人有一种最喜欢的花儿，他可能会在病人生命最后几分钟把一朵这样的花放在她的胸膛上，花瓣会随着她逐渐缓慢的呼吸一同上下起伏。当花瓣不再移动的时候，齐聚一堂的亲属就会知道，病人已经与世长辞了。

三天前的那个夜晚，梅特医生溘然离世，我希望他亲自培养出的众多医生晚辈中能有人在他的身旁照看。尽管现在还是二月，他送来我家花园的花苗——我母亲最爱的黄水仙和我父亲最爱的郁金香，都已经生根发芽，破土而出。

第八章

美好人生

“嗯，我们挺幸福的。要是钱再多点就更好了，但是我们不缺生活必需品。至于我们没有的那些东西嘛，就交给上帝处理好了。”

“假如有钱了你想怎么花？”

“可能会买大房子吧。不过要是那样的话，我们可能就没办法像现在这样每天下午聚在一起了。所以，大房子不买也行。”

在墨西哥蒙特雷，三名妇女坐在家门前的水泥块上。当地家庭平均收入“每月大约500美元”。摘自丹·比特纳，《去最幸福的四国找幸福》

美好人生由什么构成？

想在正确的环境里追求幸福，我们首先需要知道美好人生究竟是什么样的。美好人生的显著特征之一，就是像一场好戏或伴侣家人一次愉快的拜访一样，总有结束的一刻——人终有一死。这可能不是什么值得期盼的时刻，但也没有那么糟糕。假如老年人永生不死，年轻人很快就会觉得四处都很拥挤，对于老年人一遍又一遍讲述同样的故事感到非常厌烦。假如你独自获得长生不老的能力，则会很快感到孤独和不适，好像自己被整个世界抛弃。我们并不知道死后究竟会发生什么，但我想应该
109 没有人愿意在非常不舒服的地方死去。假如根本不存在死后的世界，那么死亡的感觉应该跟出生之前差不多。这也没那么糟糕嘛，是不是？

大限将至之前，你可能会回顾漫长的人生之路，进行最后的清点。你是否度过了美好的一生？这个问题非常重要，你会很想知道正确答案。但我们如何进行判断呢？什么样的人生才能算作美好？

令人惊讶的是，我们很难定义美好人生。或许有人已经意识到这一点了。但我想斗胆提出一个建议，正确与否我不敢肯定。其实，我并没有找到很多讨论类似问题的文献，所以我的说法可能不如读者预期的那样有理有据。但我觉得这会是一个合理的出发点。

让咱们假设美好人生等同于你有充分理由肯定这段人生。换句话说，**美好人生指的就是你有充分理由对其感到满意的人生**。（在这里我只是简短地陈述这个观点，未来有机会再详细论证。）我们把这个叫作美好人生的“有充分理由认可”判断法。

为了满足不同目的，可能会有其他能够合理判断“美好人生”的方式。当个人或政府设立目标时，或许更应该将重心放在实现美好人生中要求更高的方面——这是不是令人向往的人

生。我们把这个叫作美好人生的“有充分理由向往”判断法。

不过，在这里，我很想知道人们如何评估自己正在度过的人生，或者如何回顾自己的人生。问题在于，我们什么时候才有资格对自己的人生表示肯定或满意呢？在过去两章中，我们已经讲到，美好人生至少有两个基本组成部分：其一，**对你来说**，你的人生是否美好；其二，你的生活方式是否正确。这两部分就是福祉和美德。

在第三章中，我们说到，你是否**真正**满意自己的人生其实并没那么重要。不过在此处，重点在于，你是否有理由对自己的人 110
生感到满意。你是否有理由**能够**对自己的人生表示满意。问题的关键在于你的生活是否符合一定标准，而不是你自己的情绪状态。就算你自己的实际态度没有什么影响，你的生活是否符合标准依然非常重要。

有趣的是，你的生活对你来说是否美好，跟你的生活顺不顺利没有什么关系。你不需要顺风顺水，万事圆满，你也不需要拥有很高的福祉水平。只要你觉得自己的经历非常美好就行。因此，只要你觉得自己的人生**值得一过**，总比没有活过要好，说不定就够了。但这样的生活听起来好像没有什么吸引力，刚好值得一过的人生似乎顶多也就算还行、能接受，或者可以忍受。因此我们可以设定，评判一个人的人生是否真的很美好，必须要看此人的人生是否**非常**值得一过，是否比此人从未来到人世要好得多。这听起来确实很含糊，但我们也没有办法给出更细致的评判标准了。

我们已经说过，美好人生的一部分跟你的**福祉**有关，另一部分则大致关乎道德，或者说**美德**。你的行为举止是否端正？你有没有做出正确的选择并且好好表现？做出正确选择、好好生活并不仅仅是道德要求，从长远来看，这等于要求我们理性、明智地生活，其中包括在个人事务上小心谨慎、保持尊严、尽力享受生活等等。假如你的生活轨迹非常端正，人们会评价你的生活令人称羡。

因此，明显可以看出，道德是美好人生中最重要的部分，也是最需要正确对待的部分。第七章中已经初步涉及，在这里让我们进一步阐释这一点。在评判美好人生时，我们可以尝试“悼词测试法”，即假设一个人已经离开人世，你正在为此人发表悼词。当然，找一个空房间假装一下就好，这样就不用担心会冒犯到什么人。在发表悼词的时候，你会说这个人度过了美好的一生吗？

一般来说，我们不会评价坏人的人生很美好。如果你觉得
111 某人是一个将别人踩在脚底的人渣，便不太可能觉得这个人的人生是美好的。就算这个人富有、幸福、受人爱戴，几乎没有为自己的恶行受到任何报应，你也不会觉得他拥有美好人生。

另一方面，从脑海中搜寻出一个你觉得非常好的人，他一生勇敢、善良、公平，富有道德感，令人钦佩。你很有可能会觉得这个人的人生非常美好。亚伯拉罕·林肯和温斯顿·丘吉尔都饱受抑郁症的困扰；马丁·路德·金引领了美国人权运动，但他的事业并非一帆风顺，而且39岁就遇刺身亡；纳尔逊·曼德拉在监狱里度过了27年，蹉跎韶华。以上这些人中没有一个拥有令人嫉妒的生活，然而他们常常被人们当作美好人生的典范。

当我们说到美好人生的时候，难道我们只是在说道德高尚或奉行美德的人生吗？当然不是。我们再使用一下悼词测试法。难道在总结某人的一生的时候，当事人是否享受自己的人生并不重要吗？他到底是幸福，还是悲惨？他是成功实现了自

己的重大目标，还是一败涂地？按照一般观点来看，曼德拉的人生似乎挺美好的。但事实上，他在牢狱中度过近三十年，婚姻因此分崩离析，这些事实至少会让人停下来琢磨一下自己的判断是否正确。假如他没有经受这些劫难，依然取得了伟大的成就，显然他的人生会更美好。

现在设想有一个人，善良、勇敢、正直，为他人做善事，但受到一连串可怕的折磨，包括恼人的病痛、被人排斥、当众受辱、亲眼看见自己的孩子接连死去、一生受到抑郁症的折磨并常常想到自杀，最终，独自在痛苦中英年早逝。他这一生中极少有什么事能算得上安慰，以至于恨不得自己从未来到人世。他作为一个人的美好固然难以忽视，但我们很难说他的一生是美好的。
恰恰相反，他的生活听起来让人唯恐避之不及，很难给予肯定。 112

顺风顺水、万事圆满或许不是美好人生的必要前提，但你的人生必须得顺利到某种程度，才会值得一过。最重要的是，你自己要表现得体。美好人生既是你尽兴度过的一生，也是值得体验的一生。

展望美好人生

由此，关于美好人生我们得到了一个令人快乐的结论，那就是美好人生并不难求。毕竟，其中有关福祉这一部分不难满足。就连倒霉蛋查理·布朗[①]那错漏百出的平凡人生也依然值得度过。大部分时候，生活中充满小确幸，几乎每个小时都能邂逅令人快乐的香气、愉悦的视听感受、惬意的感觉和有趣的思想。这

① 美国漫画家查尔斯·舒尔茨作品《花生漫画》中的主人公，他饲养了一条名叫史努比的宠物狗。——编注

些小确幸并不明显，因为我们已经对此习以为常，而且人脑本身就会对负面的东西反应更强烈（这种现象叫作“消极偏见”）。

没错，有时生活中的折磨远远大于快乐；有时我们会希望自己彻底失去意识；有时我们会觉得假如未来不过如此，实在没有必要活着。然而，当我们垂垂老矣，没有人会在弥留之际心想：“要是我17岁的时候自我了断就好了。自杀才是我应该选择的路。”反正我从来没有听到谁这样说。最终，生活带来的伤痛会减弱，年龄使我们成熟，让我们从大局上来看待问题，从而意识到活着是多么美好。

既然美好生活中的福祉标准不难达到，那么对我们中大部分人来说，通向美好人生道路上的最大阻碍，就是我们自己的选择。比起不幸福或不成功，我们自己的恶形恶状更容易破坏我们的人生。假如你虐待家人、欺骗别人、自私或刻薄，你会很难真心承认对自己的生活感到满意。

不过，这也说明**美好人生中最重要的元素完全在你自己的**
113 **掌控之中**——你可以自己选择是否规矩行事。很大程度上，你是否拥有美好人生取决于你自己。你不一定能找到幸福，但你在面对生活中的厄运时可以保持善良、尊严和优雅。

我认为，大部分人正过着美好人生，回首往事，也会觉得自己的人生很美好。他们的人生都值得肯定。世界范围内，大多数人自己评估的生活满意度很高，其原因很可能就是大部分人都有充分**理由**对自己的人生感到满意。这不表示他们生活幸福或万事如意，只能说明他们觉得自己的人生挺美好的，并且能够欣赏到人生的价值。甚至可能应该有**更多**人对自己的生活表示满意。很多人都没意识到其实他们的生活已经很美好了。

大部分人的生活值得一过，并且他们的举止可以说非常不错。他们善待家人朋友、正视债务、诚实营生、履行义务，过着体面、有尊严的生活。即便受到严重身心障碍困扰的人也可以选择笑对人生。他们也可以为身边的人带来欢乐、意义和启发。不管你的成就多么微不足道，只要知道自己承担了应有的责任、对爱略有心得、领略过地球和人类显赫文明的吉光片羽，你就能够对自己的人生感到满意。

就我自己来说，我能想到的大部分美好人生都属于平凡度日的普通人。（不过仔细想来，就算最普通的人生也十分精彩。）事实上，美好人生与成就和名利之间或许存在此消彼长的关系。名垂青史的伟大成就一般都要求当事人一腔热忱、心无旁骛，牺牲掉更多美好人生的基本要素，比如家庭关系等。我遇见过许多赫赫有名的人物，在各自的领域硕果累累。但他们中不少人为人举止并不惊艳，我绝对不会羡慕他们的家人。 114

一位用自己的洞察力、敏感、智慧、耐心和机敏守护家庭几十年的主妇可能很容易被世人忽视，但比起伍尔夫、维特根斯坦、梵高和海明威，我更希望我的孩子可以活得像这位主妇一样。我们这些旁观者清的人当然要庆幸有这些伟大的历史人物为后人留下可以享用的文明果实，但这并不表示我们想像他们一样生活。

设定优先级

就算知道美好人生的标准是什么，但距离实现目标还有很长的路。我们怎么才能把本书中宣扬的观点运用在现实中呢？根据之前的讨论，生活中的优先级到底应该是什么？

这个问题没有什么放之四海而皆准的答案。因为我们每个人在生活中都会遇到不同的问题，产生不同的需求。而且，我也不具备为别人提供人生建议的专业素养。不过，我们已经花了很多篇幅讨论这个问题，似乎至少可以总结一下我们的优先级应该是什么。确实，尽管我们每个人都不一样，但还是有相似之处。全人类都会遇到很多类似的问题，也有很多类似的需求，我们还共享很多价值观。我们可以跟来自世界各地的人交朋友，也可以欣赏相同的文学故事和电影。不会有人看完《星球大战》之后认为黑武士真是个大好人。

因此，接下来我将会提供几点建议，希望大家可以将这些最重要的信息记在脑中。我们很容易在这些领域犯错，导致生活急转直下。这些经验可能不适用于所有人，但对大部分人和大部分情况应该有所帮助。这些反思都建立在我本人的哲学素养和科学文献阅读上，但并非专业咨询，我也不会提供什么真实论据。我只是总结了现实生活中的重要影响因素，经过思考，为大
115 家提供一些建议。大家可能会对这些问题有自己的理解，或许更适合自己的个性和处境。

假如你的朋友、手足或孩子正在思考自己的生活方式，你会给他们提供什么样的优先级列表？

与重要的人和事物建立联系

> 有一天，总有一天，我会学习如何与人对话的，不过不是现在。
>
> 语出一个主要依靠短信与人交流的16岁男孩

之前我们已经说过，与重要的人和事物建立联系，既是幸福的主要来源之一，同时也是好好生活的重要组成部分。尤其是当下，在多种力量的作用下，我们很容易被琐事所缠绕，常常花太多清醒的时间去做不值得或不重要的事情。家人和朋友很明显是值得我们花时间相处的对象，同时，美、卓越和其他有价值的东西也都是我们生活中意义的主要来源。我们常常在葬礼上才会意识到自己没有在这些方面花足够的时间。

我曾经与一个非常不幸福、支离破碎的家庭相处了一段时间，这个家庭体现出所有物质主义生活方式的迹象——工作是为了尽可能多赚钱，钱则被花在豪车和其他社会地位的象征上。购物是他们的主要休闲活动之一，家庭成员中有一名年轻女子甚至认为自己是“购物狂”。家中大部分人在谈论起他们觉得非常重要的话题或任何有实质内容的话题时总是茫然若失，他们的生活中也不常出现深刻或有内涵的对话。家庭成员彼此孤立，每个人都生活在自己的小世界里。

然而单独来看，他们每一个人都是招人喜欢的好人，他们的核心价值观都很健康，与其他人没有什么分别。他们都很关心自己的家人和其他熟人，毫无疑问，他们也很重视践行一些基本的美德，如诚实、公平、善良和忠诚。他们珍视个人取得成就的回忆、与家人共度的时光和其他人生中有意义的事情。 116

其实他们很有可能只是在追求经过大众文化所认可的人生目标，而且这些目标唾手可得。可能他们从来没有想过，除了单一的对于金钱、财产和地位的追逐之外，人生还有其他受人尊敬的可能性。于是乎，他们选择了能够满足自己欲望的生活方式，却丢失了真正在乎的东西。这次相处经历令我灰心丧气，因为我意识到自己也身处这样一种令人深切失望的文化之中，这种文化迫使我们全力去追逐一种与自己价值观严重不符的人生。

物质主义对于建立联系来说是一种威胁，无处不在的诱惑则是另外一种威胁。写作本书期间，我们刚踏入新世纪不久，才经历了十到二十年的时光，我们面临着将来有可能无处不在的人工刺激，如手机、短信、手持电子游戏机、家用游戏机、iPad、iPod、iPhone、脸书、推特、互联网，肯定还有一大堆我忘了罗列在这里的东西。我很喜欢使用这些科技产品，它们的流行是有道理的。有时它们也会推动人际交流，例如帮助我们跟遥远的朋友和亲戚保持联系。

但这些科技产品给我们带来的收益并没有那么丰富，而且会令人上瘾。拥有一部iPhone就像把一包甜甜圈和巧克力挂在脖子上一样。没错，从理论上来说，你**可以**将自己对科技产品的使用控制在一个健康的范畴，但实际很有可能做不到。还没等你意识到问题出在哪里，你已经在母亲的葬礼上跟朋友发起信息、戴着耳机吃晚餐、半夜醒来刷新脸书推送，以及在沙滩上玩《使命召唤》了。我们变成了当代食莲者，漠视现实的召唤。

最坏的情况是，我们会失去反思的能力，无法获得宁静，再
117 也不能进行发自真心的人际交流。或许到时候会出现模拟文字交流，可能也有效果，但这种方式与面对面交谈之间的差距，就像简笔人物画和《蒙娜丽莎》的差距一样。很快，说不定我们就忘了该如何与人对话，而我们中很多人已经失去这项技能了。（假如我们去探访英国蓝领酒吧之类依然有很多人进行交谈的场所，就会更加清楚地观察到这种趋势。）

现在，只要我们醒着，就可以接上插头，连通网络，但同时也

图16　插电家族的用餐时光

几乎跟一切有价值的东西失去了联系。我不知道长远来看这个问题有多严重。我想人们应该会进行调整，建立新的行为体系和习惯，以防科技夺走日常生活的质感、改变他们的思维方式，让他们一旦失去稳定的电子资源就无所适从。但很明显，我们也有可能矫枉过正。

长久以来，另外一种对人们建立关系的威胁与我们的职业选择有关。在选择该从事什么职业的时候，金钱和地位的诱惑会很强大，尤其是在你不确定自己想以什么为生的情况下。不 118
过，我们必须首先提醒自己的一点就是，没有人会平白无故给一个没有认清社会现实的年轻毕业生一大笔钱，却不要求对方付出血肉的代价。金融、法律或其他高薪领域会提供薪资丰厚的初级工作职位，那是因为雇主**不得不**付出这么多钱。没有一个正常人会愿意贡献一周80小时的时间在一个半虐待环境下劳心劳力地从事一份根本无法令人满足的工作，除非这人特别绝望，或者工资特别高。工程师或许是个例外，他们获得高薪是因为毕业时已经具备强大的工作技能，但这也是因为他们在学校期间已经付出了大量心血。

想找到满意的高尔夫球同伴，只能要么靠挖墙脚，要么纯靠运气。同样，假如你不偷不抢，运气也一般，那你只有两条致富道路：一是在吸血行业里拼命工作换取高薪，因为别人不愿意做这种工作（如法律界人士）；或者在你真正擅长并且充满激情的领域拼命工作（如史蒂夫·乔布斯）。反正除此之外，很难想象一个正常运转的市场经济体系还能如何分配高额薪资。为什么要支付顶级薪水给某人只为了让他从事轻松有趣、可以偷懒的工作呢？

假如你渴望金钱，那你最好选择把“激情和天赋”当作赚钱的手段，不然你很难过上幸福的生活，或者很难获得有意义的工作经历。假如你真的是一个充满激情、才华横溢的人，那你的工作动力应该不是金钱，驱使你奋斗的是工作本身以及把工作做好的念头。高额工资只能说明你很擅长自己从事的领域。

不过，假如你还能自行选择要不要从事报酬很高的行业，那就说明金钱从一开始对你来说就没有那么重要，不是吗？能够拥有这种选择的自由，就说明你是一个幸运儿，不管你选择从事什么行业，都不太可能变成穷光蛋，除非你选择诗歌或爵士乐。

还记得吗，在美国，家庭总收入超过75 000美元后，整体来
119 说收入对幸福便不再有任何影响。2009—2010年间的一项重要就业调查结果显示，假设一个家庭中有双职工，并且他们薪水相近，那么就算两人都毕业于在职业生涯中期**收入最低的**大学专

业，他们的收入总和也应该超过75 000美元的标准。平均来说，两个经验丰富的社会工作专业或小学教育专业大学毕业生，在职业生涯中期，薪水总和约80 000美元。同时，不同大学专业的失业率也没有很大区别，建筑和语言学这两项专业的职业中期失业率最高，同在9%和10%之间。调查还显示，尽管社会工作和老师属于“低薪”行业，但职业安全感很高，小学老师的职业中期失业率为3.4%，名列失业率最低的行业之中，而社工的失业率也只有5.8%。也就是说，**每一个**高等教育毕业生，没错，甚至包括哲学专业毕业生，都能找到薪水合理的工作，收入足以达到对幸福造成最低影响的标准。当然，这只是一个国家在某段时间内的数据，而且只是一次调查的结果，不一定能预示你的未来。但这确实提醒了我们，在选择职业的时候，不一定非得太关注工资待遇。

当然，这不表示在选择工作时，我们应该对薪水漠不关心。“随遇而安”在某些情况下是一条绝佳建议，但假如后果是你付不出账单，你的伴侣肯定不会高兴。社工的收入离75 000美元的门槛很近，只要工资再低一些，就有可能对幸福感产生很大影响。这其中，必然有一些人的收入低于平均水平，或居住在生活成本较高的地区，这都会使当事人的幸福感大打折扣。就算金钱对他们的幸福感没有任何影响，他们依然很难让自己的孩子进入好学校，遇到急症之类的灾祸时也难以应付，或是很难存够钱退休。

就算不考虑学历，人们也有充分理由选择高薪工作。不过至少从获得幸福的角度来说，平均每人所需的金钱数额并不夸张，而且美国大部分要求本科学历的工作都能轻松帮助人们达

120 到这个标准。钱越多，好处当然也就越多。但没有那么多钱，你也不一定会感到痛苦。

这一切都说明，假如对财富、地位和无关紧要的玩意儿的追求阻碍我们从事有意义、有满足感的工作，我们就是蠢蛋。假如你有雄心勃勃的物质追求，但在实现目标的过程中失去了与重要的人和事物建立联系的能力，那你很有可能已经铸下大错。

放松

"劳里说拉维奥利太忙了，没时间跟我玩。"

3岁的纽约客奥利维娅谈到她的假想玩伴查理·拉维奥利和查理的个人助手劳里时说，拉维奥利常常因为太忙而没有时间玩耍

几年前我读过一篇关于一位墨西哥商人的访谈。那位商人举家在美国生活了十年，最终回到墨西哥梅里达市定居，据说那是一个非常可爱怡人的城市。商人表示，两个国家各有优劣，但他个人还是更喜欢墨西哥。当记者请他为北边的邻居提供一些建议时，他说："放轻松！"

当然，墨西哥式的闲散并不适合所有人。首先，这种闲散无益于工作效率。在这个问题上，每个人的个性、文化背景和品位都会产生合理影响。但就算是那些更喜欢快节奏生活方式的人也可以尝试给自己一些喘息的空间，留点儿时间放慢脚步，反思人生，充电休息。至少，他们需要给自己时间来注意身边正在发生的事情。

表面上看来，放轻松似乎与我们之前讲到的建立联系这件事互相矛盾。事实上，它可能确实有一些影响，因为与有价值的事物建立联系的方式之一就是参与有挑战性、有意义的工作。有时在这个过程中，人们没有时间放松。很多情况下，这种妥协是值得的，尤其是当工作特别有意义、特别值得去做的时候。但 121
这也不能改变人们必须为此做出牺牲的事实，毕竟没有人生来就一直设定在“运行”挡上。

对于那些一路狂奔的人来说，可能很难相信其实只要做很少的事情就可以避免无聊。假如当代狩猎采集者的社群提供的信息值得参考的话，那么我们的狩猎采集者祖先很有可能一周工作时间不到20个小时。（而且打猎对他们来说并不是什么恶劣的苦差事。）纵观人类历史，大部分时间人们的日常生活主要就是四处闲逛，无所事事。你可能会觉得这种生活非常无聊，而且我要再强调一次，喜欢快节奏的生活没有什么问题。至于无不无聊，我向两个非常信任的朋友请教过这个问题，他们都与维系着传统生活方式的猎人部落一起生活过很长时间。两人都表示，没有任何证据说明部落里的人生活很无聊。其中一人对我的问题表示惊讶，并告诉我在他结识的土著人民中间，“无聊是一个完全、彻底不存在的概念”。

说不定任何人都能学会享受慢节奏生活。由于习惯了每日忙碌，我发现自己很难在度假时坐下休息、放松一下或者享受地读本书，我的大脑依然在高速运转。不过，有一次我曾在放松的环境里待了很长时间，终于学会了开开心心、无所事事地度日。我需要好几周甚至更长时间才能达到那种状态，不过一旦进入状态，我感到非常快乐，而且一点也不无聊。例如，我甚至可以调侃那些无法坐下来放松的人，并从中得到简单的快乐。

而且，不放松也会影响我们与重要事物建立联系。当我们什么也不做的时候，通常并非独自一人，而是跟别人一起，一般我们把这种活动叫作朋友聚会。（当然，闲散状态能带来的满足感是有限的，假如你不多少做一些有意义的活动，人生很快会失
122 去方向和意义。）我们根本不需要努力创造跟爱人相处的“高质量时光”，只要两人在一起，不用事先规划，顺其自然、不急不忙地随便做点什么就好。

适当放松还有一个原因，同时也是很大的好处，就是你终于有时间摆脱焦躁和压力给你带来的狭窄视野，去关注和接受周围的人和事物，你也更能欣赏周围的风景。就像我之前指出的，如果一个人放松休息的时间不够，其实就等于在某种程度上压缩了自己的人生。

一名从事临终关怀行业的英国护士一直在记录病人死前所表达的遗憾。排名靠前的其中一条是：“真希望我没有那么努力工作。”这位护士写道：

> 我护理过的每一位男病人都提到这一点。他们错过了自己孩子的少年时光，错过了伴侣的陪伴。也有一些女性提出这种遗憾，但多半是老一辈的人，因为大部分女性并不是家庭中负责养家糊口的那个人。所有男病人都深深懊悔自己在日复一日的单调工作上耗费了太多时间。

最近，有些人在争论人们是否真的会在人生中犯下很多大错。至少在上文提到的这些男性病人当中，我们发现，他们百分

之百在处理人生中一些最重要的问题时失败了。

放慢脚步也是一种放松的方式。另一种方式是避免大惊小怪、过分操心。想当一个自强自立的人，其实需要我们具备一切最好的品质。我们不应当一直被负面思绪所困扰，由着自己的愤怒和焦虑恣意滋长。我们大可以耸耸肩，或是置之一笑，主动把它们看作生命旅程的一部分。毕竟人生中总有艰难险阻。 123

避免债务

假如你生活在现代经济社会中，那么金钱对于幸福和营造美好人生来说都很重要。我曾强调过，一旦达到某条财务安全标准，金钱的影响力便微乎其微。在这里，我则要强调失去这种安全感也是很容易的。我认识一位老奸巨猾的财务规划师，他的工作性质使他常常需要担任家庭咨询师的角色，他曾经给过我一条关于幸福的睿智建议。简单来说，他指出，人们在追逐幸福的道路上常常犯下的最大错误之一，就是欠债过多。用他的话来说："在如今的经济体制下，大部分痛苦和折磨的存在都是因为有太多消费者欠下太多债务，只为购买太多他们根本不需要的商品，而且他们本来就负担不起这些商品。"我们是人类历史上最富有的一代人，然而我们却还是难以做到收支平衡。

债务意味着不自由。你的欠债越多，你就越不能自由地过随心所欲的生活。假如你背负高额债务，就不能轻易离开令你痛苦的工作，甚至有可能为此卷入不道德交易。例如，有不少高薪阶层，由于购买了标榜着"成功人士标配"的房产，深陷各种贷款当中，尽管憎恶自己的工作却无法脱身。

打理房产有特殊的风险，因为我们常常受到"聚焦错觉"的影响，夸大各种家居装修选择之间的差异。我们常常忽视防漏屋顶之类实际上非常重要的基础设备，而把焦点放在其他可能一点都不重要的选择上。就像心理学家丹尼尔·卡内曼所说，“生活中没有任何事情重要到像你在思考这件事情时以为的那样重要”。最终，我们往往在类似“漂亮的路沿”这类可有可无的东西上倾注太多时间和精力，忘记我们根本不会花时间坐在路沿上欣赏我们的迷你豪宅那宏伟（漏水）的山墙，直到银行因
124 为我们无法还清贷款而收回我们的房子。

拒绝道德负债

道德的重要性已经不言而喻了，而且我想不会有人真心认为自己应该去强奸或掠夺他人。但人总会犯错，我们总会做一些令自己之后悔恨不已的事情。当人们垂死之时回顾往昔，最能令人们停下来深深忏悔的肯定是他们曾经做过的不道德的事情，例如，背叛朋友、教子无方、没有出现在需要自己的人身边、不轻易原谅别人。

空泛地建议别人“要有道德”似乎太抽象了，没有什么实质性帮助。那么我就用我曾祖母扎达·图特的话来说好了。我父亲的文章中提到，曾祖母曾说过，要**拒绝道德负债**。对她来说，这是好好生活的第一原则。

从哲学家的角度来看，这条建议似乎太笼统了，会让人提出很多问题。但从实用的角度来看，这句话能给人很多有益的启发。

其实这句话的意思就是，在人生终结时，我们需要交出一张显示盈利的道德资产负债表。很多人生来就自带这张道德资产

负债表（有些文化称之为“天理报应”），会时刻问自己是否承担了应有的责任？有没有在履行义务时失败，留下一片狼藉？有没有回馈社会，还是一直在“索取”？你身边的人是否为你是他们人生的一部分而感到高兴？

还有另外一种思考方式，我称之为“对话测试”。假设你跟所有被你影响过人生的人坐在一起，包括你的孩子和孙辈以及所有可能被你的人生抉择影响到的人，你能看着他们每个人的眼睛，诚实地说出你对每个人都很好、很尊重吗？你能说你的生活方式合情合理吗？你不需要对每个人都给出肯定的答案，就算我们当中最优秀的人有时也会犯错。但假如你一直无法给出 125
肯定回答，那你应该很难觉得自己没有道德负债。我怀疑在接下来的几十年里，一旦时下种种浪费行为带来的恶果暴露，以上这些问题会长期困扰我们这一代中的许多人。

“拒绝道德负债”是一个道德度量标准，不是影响力测试。或许19世纪的某些强盗式资本家为社会所做的贡献比他们索取的更多，但假如他们的所得都建立在巧取豪夺的基础上，那他们就不能说自己没有道德负债——他们的道德资产负债表上一定是一片赤字。另一方面，运途特别坎坷的人可能会觉得自己受到了社会的不公待遇，认为自己有权利通过猛烈抨击别人来实施报复。但不论他们的所得是否要比自己向世界的贡献更少，都无法表示他们有资格站在**道德**高地。这种仇富行径不是消除道德负债的方式，只会火上浇油。

我有一位叔叔，大半辈子都受到严重残疾的困扰，需要全方位的照顾。他是一位天资出众的作家，靠出版作品赚了一些钱。不过总的来说，他接受的资源确实比他能够付出的更多。然而，他用尽一切办法拒绝道德负债——他刚毅、机智、有广阔的胸襟，为很多人的人生带去积极影响，丰富了他们的人生。很多人都很高兴能让他参与自己的人生，甚至为此感到荣幸。我认为所有认识他的人都会达成共识——他的人生很美好。

拒绝道德负债意味着在你奄奄一息之时，你可以诚实地说："我履行了义务，尽到了本分，回首一生，我不为自己对待他人的方式感到后悔。"我们常常会遗憾自己做错了这样那样的事情，但我们可以试着弥补，或在别的方面做得更好，这样一来，最终
126 我们还是可以实现道德盈利。

结论

总结来说，人活着就应该参与自己感兴趣的、有意义的活动，但不要做过头而忘了放松。我们要为所爱的人留出时间，控制自己的债务，拒绝道德负债。

我还想补充一点，就是不要为难自己，而是把自己放在一个正确的大环境中，让你可以自然而然做到以上这些事情。跟明确知道自己优先级的好人来往，避免从事给自己带来坏朋友的职业。假如你周围的人都很难做到前文所说的四点，你会发现自己也很难坚持下去。

假设你一生之中尽可能做出明智的选择，这样你就一定会幸福吗？可能吧，但也不完全由你掌控。不过很有可能你会因此拥有不留遗憾、值得度过的人生，美好的一生。

> 只要能活着，有很棒的家人、好友，能每天欣赏日出，这就是让我感到美好的一切。我发现人们常常以为自己拥有

的一切都是理所当然。迟早有一天，人们会停下来说：“我能有现在的生活真是太幸运了。”有些人只是还没走到那一步。

选自迈克尔·A.迪雷蒙多中士从伊拉克寄回的家书，此后不久他在战场上阵亡

索 引

（条目后的数字为原书页码，见本书边码）

A

B

C

D

E

F

G

H

I

J

K

L

M

N

O

P

幸福

Q

R

S

T

U

V

W

Daniel M. Haybron

HAPPINESS

A Very Short Introduction

For Elizabeth

Contents

Acknowledgements

For their invaluable assistance with this book, I am most grateful to Andrea Keegan, Anna Alexandrova, Anne Margaret Baxley, Antti Kauppinen, Barbara Baumgartner, Boyce Nute, Carol and Joel Friedman, Chad Flanders, Charlie Kurth, David Brax, David Chalmers, David Haybron, Deborah Welch, Elizabeth Foreman, Emma Ma, Eric Brown, Eric Wiland, Erik Angner, Gerardo Camilo, Jason Raibley, John Brunero, John Doris, Jona Ross, Julia Annas, Julia Driver, Lori Lipkind, Neil Thin, Paul Dolan, Robert Biswas-Diener, Robert Sullivan,Robert Wolff, Sara Bernal, Scott Berman, Scott Ragland, Sean Davies, Troy DeArmitt, Valerie Tiberius, and anonymous reviewers for Oxford University Press. For support in writing this book, I want to thank my department chair, Fr. Theodore Vitali, and Saint Louis University. For their support and mentorship in these matters over the years, I wish to thank Douglas Husak, Stephen Stich, and L. W. Sumner, whose pioneering philosophical work on happiness made my own researches possible. I owe a special debt to Ed Diener, who more or less invented the contemporary field of happiness research, and has contributed more to the study of happiness than anyone living. His own life pretty well embodies what this book is about, which is not to say he'll agree with everything in it. (We scholars get paid to disagree, after all.) There are few academics I admire, as a scholar or a person, as much as Ed.

Above all, I want to thank my most patient and incisive reader and advisor, my wife Elizabeth.

List of illustrations

The publisher and the author apologize for any errors or omissions in the above list. If contacted they will be happy to rectify these at the earliest opportunity.

Chapter 1

A remarkable fact

> I have been wondering at your peaceful slumbers, and that was the reason why I did not awaken you, because I wanted you to be out of pain. I have always thought you happy in the calmness of your temperament; but never did I see the like of the easy, cheerful way in which you bear this calamity.
>
> Crito to Socrates, who awaits execution. From Plato, *Crito*

> I asked the Pirahãs once during my early missionary years if they knew why I was there. 'You are here because this is a beautiful place. The water is pretty. There are good things to eat here. The Pirahãs are nice people.' That was and is the Pirahãs' perspective. Life is good. Their upbringing, everyone learning early on to pull their own weight, produces a society of satisfied members. That is hard to argue against.
>
> Daniel Everett, *Don't Sleep, There Are Snakes*

Happiness in unexpected places

In all of human history, there may never have been a better time to be alive. In fact economist Charles Kenny declared the period 2000–10 to be the 'best decade ever'. Even with the wars raging in various parts of the globe, people are less likely than ever to die at the hands of others. We can expect to live *decades* longer than any generation until the last century. Worldwide, the average life expectancy is 68 years, more than double what it was in 1900. Dire poverty and many forms of oppression are on the decline. And you and I enjoy a material and cultural abundance undreamt of for the vast majority of human history. We are, by historical standards, *rich*.

So lucky are we that we can easily come to believe that those without such abundance must be miserable. Or, at least, far less happy than we.

This thought is not obviously true. Consider the Greek thinker Socrates. Yes, he more or less invented philosophy, and Western civilization while he was at it. But he also didn't have television, a dishwasher, a furnace, air conditioning, a fan, a phone, or a clock. No Mister Steamy Dryer Balls, no Xbox, no iPod, iPad, or iAnything. Socrates inhabited what we would now call a 'lesser-developed' town called Athens, where no one had any of these things. There wasn't even a World Bank to build them a dam. The wealthiest Athenians did have slaves, which was probably a plus (for them, not the slaves).

But in material terms they were, by today's standards, poor. No refrigerator, no toilet, no toilet paper, no antibiotics, and no decent anaesthetics. In the evenings there was nothing to do, so you had no choice but to talk to other people. And drink wine, and eat Greek food. Sing a few songs, tell a few jokes. Look up at the starry sky. And test theories regarding the best sort of partner for exploring the pleasures of the flesh (see Plato, *Symposium*). On the bright side, Socrates did manage to grow old. But for drinking from the poison cup of hemlock, he would have grown even older.

What, no tears for Socrates? Perhaps you were under the impression that he was actually rather happy. Indeed, that is the standard story. Socrates' indefatigable good cheer and equanimity, even in the face of death, were legendary, and just about all the major philosophical schools that followed held him up as a paradigm of the happy, flourishing man. Many things have been said of Socrates, but 'pitiable' is not one of them. He had, by all indications, what even today's comfortable reader will recognize as a great life. Socrates didn't miss out on a thing.

Fast-forward a couple of thousand years. A team of psychologists ventures out to study well-being among three traditional, small-scale societies: the Amish, the Maasai, and the Inughuit. The Amish live in traditional farming communities in a manner much like that of a couple of hundred years ago, though they are happy to embrace new technologies that do not threaten their values of community and humility. The Maasai are herders whose members live in huts made of excrement, and whose men are expected to kill a lion with a spear if they really wish to prove their manhood. The Inughuit lead a hunter-gatherer lifestyle in Greenland, which is probably one of the less appealing places to be a hunter-gatherer.

The researchers applied a battery of measures of happiness and life satisfaction in each of these societies, including measures of positive and negative emotions. (No small job, that: to get the Maasai even to talk to these contemptible city-slickers, the lead investigator found it necessary to volunteer for a very, very painful scarification ritual, which essentially involves having pieces of your chest burned off, muscle and all, with a hot stick. If you so much as make a sound, you're a wimp.) Table 1 shows how they did compared to some other groups, looking just at self-reported satisfaction with their lives.

Measures of positive versus negative emotions also were quite favourable for all three groups, particularly the high-spirited Maasai. Many would take the results to show that these 'poor' communities are all happier than the average *college student*, and in two cases just as happy as the richest Americans. This would be an over-hasty conclusion, as we'll see. But if life is just a vale of tears for these folks, they've apparently not figured it out.

Table 1 Life satisfaction of various groups

Positive groups	**LS**
Forbes richest Americans	5.8
Pennsylvania Amish	5.8
Inughuit (Inuit group from Northern Greenland)	5.8
East African Maasai	5.4
International college students (47 nations)	4.9
Calcutta slum dwellers	4.6
Neutral point of scale = 4.0	
Groups below neutral	**LS**
Calcutta sex workers	3.6
Calcutta homeless	3.2
California homeless	2.9

Notes: LS scores are based on responses to the statement 'You are satisfied with your life', on a 7-point scale from 1 (*strongly disagree*) to 7 (*strongly agree*).

Similar results abound in cross-cultural studies of well-being, to the point that one recent scholarly tome on global trends in happiness was subtitled, 'the paradox of happy peasants and miserable millionaires'. To date the best international study of human well-being, the Gallup World Poll, has surveyed over 136,000 people in 155 countries, using a rich set of measures of life satisfaction, emotional experience, and other points of experienced quality of life. The happiest nation? By one life satisfaction measure, Denmark, which has had a habit of hogging the top spot in these kinds of studies.

In terms of daily experience—roughly, how pleasant or emotionally rewarding life is—top honours went to... Panama. On that measure the United States placed 57th. In life satisfaction, it ranked a more respectable 14th.

Costa Rica, which is poor but has no army, a healthy democracy, universal healthcare, and comparable life expectancy to the United States, ranked fifth on the planet in daily experience, sixth in life satisfaction. (For what it's worth, I recently asked a young woman who had spent some time living in Costa Rica whether such findings gibed with her experience. She seemed to think me daft even to pose the question—'Of *course*. Everybody's happy there.') The only affluent countries to beat Costa Rica on either measure were the Netherlands and the Nordic countries. These results are not unusual.

You might wonder how reliable such studies are, a question we'll take up later. But personal observation of such populations, by happiness researchers and many other people, suggests that the numbers have some plausibility. Looking to the extreme end of the material spectrum, consider a recent account by linguist Daniel Everett. His book, *Don't Sleep, There Are Snakes*, describes the Pirahã (pronounced 'pee-da-han'), a hunter-gatherer people with whom he lived for many years in the Amazon. Their way of life is bare-bones even by hunter-gatherer standards, and yet:

> I have never heard a Pirahã say that he or she is worried. In fact, as far as I can tell, the Pirahãs have no word for *worry* in their language. One group of visitors to the Pirahãs, psychologists from the Massachusetts Institute of Technology's Brain and Cognitive Science Department, commented that the Pirahãs appeared to be the happiest people they had ever seen. I asked them how they could test such a statement. They replied that one way might be to measure the time that the average Pirahã spends smiling and laughing and then to compare this with the number of minutes members of other societies, such as Americans, spend smiling and laughing. They suggested that the Pirahãs would win hands down.

This is just one of many written accounts of a similar nature. Another researcher has related to me in some detail his experience working with a hunter-gatherer tribe whose members quite enjoy the way they live, and whom he regards as having a very good quality of life. Some of them have left the tribe, met with success in our world, and returned nevertheless to their old lives in the jungle. This likely owed partly to a 'fish out of water' experience that anyone might have in a strange land and partly to discrimination they faced in our world. But they also, simply, preferred their own way of life, and the tribe has refused offers to increase their material standard of living. Their happiness is not simply a product of ignorance about the wonders of plasma TV. They know about such things, but don't much care.

A note of caution is in order. There is a long and dismal tradition of painting indigenous peoples as leading idealized,

1. Maasai women

idyllic lives—in effect reducing them to props in our own fantasies. Perhaps to distance themselves from this patronizing nonsense, commentators can go to some lengths to portray such peoples as vicious or pathetic, or take care never to put in a positive word about their way of life. This too is noxious rubbish, but I will not try to rebut it here. Interested readers can consult the literature and form their own judgements on this question.

But let's dispatch the romanticism: everybody has problems. However happy some hunters might be, they still have shorter lives and lose many of their children. I've been told, of more than one indigenous people, that they envied nothing in Western civilization but the healthcare. But that is actually quite a lot. Without it, I would not be writing this. If you read Everett's full account of the Pirahã, his claims about happiness are liable to seem reasonable, but he makes clear that their lives are hardly perfect. (Average life expectancy: around 45 years.)

It cannot be stated too emphatically that many poor people are by no means flourishing. Worldwide, poverty is a tremendous source of unhappiness. Regarding hunter-gatherer cultures, Everett himself notes that 'many others, if not all, that I have studied are often sullen and withdrawn, torn between the desire to maintain their cultural autonomy and to acquire the goods of the outside world'.

But then he adds, 'The Pirahãs have no such conflicts'. They like our stuff, but don't really want the aggravation that goes with getting it. Elsewhere, he relates his experience telling the Pirahãs the tragic tale of his stepmother's suicide. They crack up. It's not that they are mean: to them it is incomprehensibly, hilariously bizarre that anybody would do such a thing. They know plenty about pain—but not, apparently, the kind of searing, isolating spiritual agony that would drive someone to take her own life.

The world is a big place, with many kinds of poverty, or more accurately unaffluence. We should beware of simple generalizations about large swathes of humanity. From the observation that some peoples with meagre possessions seem happy, or unhappy, we should not assume that all such peoples are.

But here's the thing: from the conventional viewpoint of modern civilization, the mere fact that *any* population could have such limited means, living at the zero point of what we call development, and give the appearance of doing pretty well, if not better than many of us rich folks, is absolutely remarkable. *It only takes one community like that, or even a Socrates, to raise some fairly profound questions.* And these are among the most basic questions that any civilized society must come to grips with. How is it possible to have so little, yet lead a rich and fulfilling life? Indeed, to be happy? What is happiness, anyway, and what really matters in life? What should our priorities be?

Consider your own case. You are, let us suppose, on your deathbed. What from your life would you most like to have just one more experience of? What would you most regret leaving behind? I can already tell you the first thing you'll want to say, if you're even remotely normal: more time with your loved ones. I would wager that, for most people in just about every corner of the world, that answer will simply dwarf all other contenders. What else, then? Here people are likely to begin parting ways, though I suspect that high on most lists would be such experiences as these: another sunset, another look at greenery or the ocean, a chance to hear the birds sing once more.

What most certainly will not be on the list: another peck at the mobile phone, or one more trip to the mall. How about an extra day at the office?

Time is the currency of life, and a poor person of 70 years has no less of it than a rich person. If you can spend much of that time in the company of people you love and taking in the wonders of a spectacularly beautiful planet, you've already got a lot going for you. If, to boot, you've got some interesting things to do, and aren't in too much physical or emotional pain, you might be just about there.

You don't have to be rich to enjoy these things, and plenty of materially poor people have all of them. Yes, money can help. But lots of rich people lack all of these things—mired in their own kind of poverty—and are miserable. The essentials of a good life are available even to people who don't own much—and even, we will see, to those who never manage to be happy. I would venture that most people experience enough love, enough beauty, and not so much pain, that they can honestly say that their lives are good. Go back and look at the life satisfaction numbers for the slum dwellers of Calcutta, also known as the City of Joy: positive. Life is hard, yes. But it is also, for most, good.

Defining happiness

We need to get clearer on what we mean by happiness. You might wonder whether the whole business of defining happiness makes much sense. After all, more than a few people have suggested that happiness cannot be defined. The word has too many meanings, or is too obscure: a blank canvas on which to hang our longings. So trying to give a theory of happiness is just tilting at windmills.

But is it really? I don't think so. The first thing to do is give up the idea that any single account of happiness can capture everything we use the word to talk about. But the fact remains that we use it to talk about certain sorts of things we care about. So we can ask why we *care* about happiness, and whether some proposed definition makes sense of our practical concerns. One sign of an unhelpful definition of happiness is that it leaves mysterious why anyone should care about it.

In a nutshell, we can *reconstruct* the ordinary notion of happiness, taking the formless blob of everyday happiness talk and sharpening it into a form that helps us to think clearly about matters of importance. Instead of saying, unequivocally, that 'happiness is x', we should say that 'happiness is usefully thought of as x'.

The alternative? Silence. Stop trying to figure out whether people are right to care so much about happiness. Don't bother asking whether our way of life promotes or frustrates happiness. Worry not about whether your children are unhappy, or whether your divorce will actually make them happier, as you'd like to think. For none of these questions has any discernible meaning, and their import is completely up in the air.

We could do that. But it seems like a pretty foolish thing to do. 'Happiness' is a central term in our everyday vocabularies, and people use it all the time to think and talk about things they care about. Real concerns, real problems. It behooves those of us who get paid to study such things to help people think more clearly and intelligently about those concerns. And for that we need to figure out what the important things are that people use 'happiness' to talk about. We need a theory—a definition—of happiness. The word itself isn't important. It's the things we use it to talk about that matter.

In this book, 'happiness' is nothing more than a word for a certain state of mind. We will be asking, then, what that state of mind is; what brings it; and how important it is in a good life.

Some readers may be disappointed to hear that happiness is nothing more than a psychological condition. Isn't there more to life than that? Indeed there is, as most philosophers see things, myself included. Happiness is awfully important, but probably not the only thing that matters. This too may seem a bit deflating to some: perhaps you thought happiness was, pretty much by *definition*, the measure of a good life. Maybe you picked up this book with precisely that question in mind: you wanted to know about a lot more than just some state of mind. You wanted to read about what really matters in life. In which case you might be wondering if it's time for a refund.

We will get to the big questions in due course. Happiness, the state of mind, has such a grip on the popular imagination that a proper appreciation of its pursuit requires us to set it in the context of what, in general, matters for a good life.

While this book is about happiness, the state of mind, other books sometimes use the word for a value notion, *well-being*: a life that goes well for you. When the ancient Greek philosopher Aristotle (384–322 BCE) said something about 'happiness'—his word was *eudaimonia*—he was talking about the value notion. And his concern was not to understand a state of mind. He wanted to know what sort of life ultimately benefits a person, serves her interests, or makes her better off. Suppose a man leads a pleasant life of utter passivity, living like a pig and letting his potential go to waste. Can he really be doing well? This is a question of values, not psychology. To avoid confusion, I'll use the word 'well-being' when talking about what benefits a person, and save 'happiness' for the psychological notion.

So we've narrowed our focus to happiness as a psychological matter. With that in mind, we can identify three basic theories about what happiness is:

1. Emotional state theory: happiness as a positive emotional condition
2. Hedonism: happiness as pleasure
3. Life satisfaction theory: happiness as being satisfied with your life

Very roughly, the first two theories think of happiness in terms of *feelings*, while the life satisfaction theory sees happiness mainly as a *judgement* about one's life. The differences between these views will become clearer over the next two chapters.

Psychologists studying 'happiness' often talk about it in terms of *subjective well-being*, which has two parts: life satisfaction and a positive emotional condition. In essence, subjective well-being views of happiness combine theories 1 and 3 from our list. I will set this sort of view aside, as I think it unhelpfully lumps together two very different things. Subjective well-being is better understood as a catch-all term for the psychological aspects of well-being, not a synonym for happiness.

About the book

Ultimately, this book is about happiness in both the major senses of the word: a state of mind, and a life that goes well for you. More broadly, it is about what it means to live well, viewed through the lens of happiness. I have aimed it at a pretty diverse range of readers. On the one hand I hope it will appeal to ordinary people, young and old, thinking about their priorities. But I have also tried to add something to the scholarly literature and not simply review existing work.

Being a Very Short book, it doesn't cover everything. Not every striking finding from the science of happiness is discussed. Most regrettably, this book does not say very much about non-Western thinking on happiness, nor does it delve into religious thought. This partly reflects my own limitations. But in good part it reflects the growing influence of secular Western ideas in the pursuit of

Happiness: an extremely short introduction

If you really wish to move things along and only want to know what happiness is and how to get it, you could get away with reading just these four chapters: 1, 2, 5, and 8.

happiness. So while I have tried to keep the discussion relevant to readers in most parts of the world, some important intellectual traditions will not be represented.

The social dimensions of happiness also get little attention, beyond the importance of relationships for the personal pursuit of happiness. Yet happiness is not simply pursued at the individual level. How happy we are depends very strongly on the people around us and the kind of society we inhabit. And some of the most pressing questions about our pursuit of happiness concern the way we, collectively, have chosen to seek fulfilment and how it affects our fellow human beings. Not to mention the natural world on which we depend. My children, for whom this book is partly written, do not face an entirely promising future in that regard. For their sake, if not our own, we need to rethink our pursuit of happiness: the dominant approach to seeking happiness in many countries today is, it seems to me, inefficient, destructive, and often self-defeating. But those questions will have to await another book.

I have not tried to be impartial in this book, but rather to develop a more or less coherent picture of happiness and its proper pursuit. Impartial is not terribly interesting, and I have done it elsewhere for those seeking it. But I have tried to show enough of the attractions of competing views to allow the reader to come to her own conclusions.

So let's see, to begin with, what happiness might be.

Chapter 2
What is happiness?

Journal notes, August 8

Sundown on the Pond. A gull is laughing from a perch on a post in the Pond. Now a skimmer glides by, plowing a tiny furrow through the shallows. No permanent mark. Nothing is permanent out here. Sand and water... no mark endures save of notion, of idea... Here the veil between us and the truth of existence is very thin and, to my mind, can be pierced. These past few weeks, I have settled into mindless existence, with few thoughts and no dreams. My being is effortless, untroubled by pain, unstirred by joy. This being is meditative, with no need of mantras or quiet rooms.

Ron Haybron, *Island*

Thriving

A click. Rzzzzzzz! Line spools off the reel at breakneck speed. A lusty bellow, 'dol*pheen*!' Seconds later, another downrigger pops, and more line starts paying out. Two dolphinfish hooked, and where there are two, there are probably more. (These are tuna-like fish, not the beloved mammal.) Eyes gleaming, Big Joe notes the location of the sargassum patch and leaves the helm to take one of the rods, while his friend Mac takes the other. This is commercial fishing, not sport, so the tackle is heavy and no time is wasted playing the fish. Soon a pair of twenty-pounders are aboard and the boat is circling back for more. Gorgeous fish while alive, a riot of gold, green, and blue, dolphin quickly lose their colour when caught. Occasionally Joe feels a twinge of regret at killing these lovely creatures. But not today. Today he is fully in the moment, locked in on his prey, and whoops with delight as they haul in another pair.

More ballyhoo on the downriggers, more dolphin on the line. 'Gaw-*damn*! Reel's gettin' hotter 'n a [something unprintable].' All told they bring in a couple of dozen, enough for a good profit. Satisfied with the day's catch, Joe puts his twenty-three-foot Sea Ox on a heading for home. A spare, utilitarian boat with twin Mercury outboards and an open cockpit design, the Sea Ox is not for the faint of heart. Not, at least, if you plan to fish forty miles offshore, well into the Gulf Stream, with only a compass and your eyes for navigation. Getting home means hitting a target, an inlet, perhaps a mile across, after hours of meandering through a six-mile-an-hour cross-current. If you do find the inlet, you must thread the boat through some of the most treacherous waters on the seaboard, using throttle and wheel to avoid getting broadsided by a wave or pitch-poling the boat—nose-diving into a trough, flipping end over end. In which case your remains could well become a fine meal for the crabs.

Yet Big Joe Fletcher is in his element. On the long ride home, he is silent, unreflecting, attention fully engaged with the sea, the sky, the boat. Were you to ask him what he feels, he would tell you 'nothing'. He is absorbed in the moment. Passing through the inlet brings a bit of tension, but this quickly fades once they reach the comparatively sheltered waters of the sound. Back at the dock the men share a couple of cans of beer while cleaning the fish, exchanging jokes and friendly gibes with other boaters and passers-by. Joe gives some of the steaks to Mac, keeps some for himself, while the remainder will end up as 'mahi mahi' on the plates of lucky tourists in local restaurants. ('Dolphin', the local name, doesn't go over so well with some diners.)

In the evening, Big Joe and his wife Pam expect to stroll back down to the docks to join the sunset crowd. But some friends drop by and they pass the evening on their front porch, laughter punctuating a chorus of crickets, frogs, and cicadas. An hour later, a couple more wanderers join the fun. Out come a couple of guitars, and the small band of ruffians adds its own music to the nighttime choir.

Things have not always been easy for Joe. He's had his share of romantic troubles and financial difficulties. But at this stage of his life, things are good. The fishing is solid, and between that and the odd carpentry job, the bills get paid. He doesn't need much cash—the house he built himself, and just about any maintenance work on that, the boat, or his truck he can do himself. Many other things can be had by trading with his neighbours.

Joe himself is a big man, in just about every way. A tall, red-bearded man carrying a few more pounds than strictly necessary, and possessed of a booming voice, he carries his bulk with confidence and ease. He does not anger easily, nor is he prone to fret; problems are a part of life, and there's no point worrying. He is big in spirit too: sharp-witted, quick to laugh, exuberant and vital, not given to guile or indirection, he is fully his own man. All the more so since leaving his job at a mainland boatyard. Spending his days at the beck and call of another man never sat well with him, made him feel unnaturally small. Better to be free than a wage slave, even if it means doing without a few things. Big Joe Fletcher is, and feels, free.

You probably won't need much convincing that Big Joe is a happy man. But on what basis would you make this judgement? The description doesn't include Joe's opinion on the matter, and you could well imagine that he doesn't really have one.

In Joe's case, as in real life, we judge how happy someone is not by opinion polling but by observing the person: Do they have a spring in their step? Do they seem tense, tightly wound? Comfortable in their skin? Do they just seem 'off'? Do they laugh easily? Get angry at little things? Burst into tears over minor frustrations?

What we are doing, I think, is trying to assess the person's general *emotional condition*. The term 'emotional' can mislead, since it suggests a narrow focus on feelings like joy or sadness, fear or anger. But being tense isn't really an emotion at all. And what your posture or stride reveals about your 'emotional condition' is something other than an emotion. It's something deeper than that.

We sometimes try to get around the limits of emotion words by speaking of the psyche or soul. Think 'she's in good spirits', or Bob Marley's plea for a lover to 'satisfy my soul'. But I think these sorts of cases involve broadly emotional matters nonetheless, so I will stick with 'emotional condition'.

If this suggestion is right, then much of our everyday thinking about happiness identifies it with a person's emotional condition. Roughly: *to be happy is to have a favourable emotional condition*. Let's call this sort of view an *emotional state theory* of happiness.

So we have a definition of happiness. Is it a good one? Well, we probably can't point to any single definition and say that's *the* correct one. But I would suggest that it's a pretty useful way to think about happiness. It makes sense of the weight people place on happiness, as when a parent says he wants his children to grow up to be 'happy and healthy'. While I will sketch some reasons for preferring this view to the main alternatives, I will not delve deeply into the debate here. Suffice it to say that, while many people find an emotional state account of happiness attractive, I am not describing a consensus view here. The alternatives remain popular as well.

The three faces of happiness

Let's explore this view of happiness in further detail. What exactly does happiness involve? When people think about happiness in emotional terms, they tend to picture a specific emotion: feeling happy. So powerful is this association that happiness frequently gets reduced to nothing more than cheery feelings or 'smiley-face' feelings. This is a radically impoverished understanding of happiness: there's much more to *being* happy than just *feeling* happy.

Think about those periods in your life when you were happiest. Not so much that day when you were elated over a special event, like the birth of a child. Rather, those times of relatively sustained happiness. Not everyone experiences such periods, but if you have, I suspect they looked something like our picture of Big Joe Fletcher, or the photograph of my father and me in Figure 2: good stretches of time wholly absorbed in something you love doing, feeling fully yourself and in your element. Energized, alive, and yet also, deeply settled and at peace—no doubts, no fretting, no hesitation. And yes, feelings of joy here and there, perhaps a good dose of laughter. But those feelings are not the most important part of the story.

2. The author and his father, sailing

We can usefully break happiness down into three broad dimensions. Arguably, each dimension corresponds to a different function emotional states play in our lives. But in this book I will skip the argument and simply present the view.

We can think of happiness as a kind of emotional evaluation of your life. Some parts of this evaluation are more fundamental than others. At the most basic level will be responses concerning your safety and security: letting your defences down, making yourself fully at home in your life, as opposed to taking up a defensive stance. I will call this a state of *attunement* with your life. Next come responses relating to your *engagement* with your situation: is it worth investing much effort in your activities, or would it be wiser to withdraw or disengage from them? Finally, some emotional states serve as *endorsements*, signifying that your life is positively good. People often make the mistake of thinking all emotional states are like that.

All three aspects of happiness are important, and different ideals of living can emphasize different parts of the picture. Americans, for instance, put more weight on endorsement or engagement states like joy and exuberance. Whereas Asian cultures tend to focus more on the attunement dimension.

Endorsement: feeling happy and other classic emotions

Let's begin with the most familiar aspect of happiness, the *endorsement* dimension. The most obvious examples here are feelings of joy and sadness. It makes sense for these states to be so closely associated with happiness: they tend to accompany gains and losses, successes and failures.

But it is easy to overstate their significance. While the occasions that call for feeling happy can be important, they may be the exception rather than the rule, even in the best of lives. And such feelings tend not to last very long: you enjoy your good fortune for a bit and then get on with the business of living. If we focus too much on these sorts of feelings, we can easily get the impression that happiness is fixed over the long haul: a simple matter of fleeting emotions that quickly dissipate, ultimately leaving us back at our temperamental 'set point' level of cheerfulness (see Chapter 5).

Yet we should not discount the endorsement side of happiness. In general, it is far better to be cheerful than dour. Life is impoverished without regular doses of laughter. And the generic label, 'feeling happy', conceals a surprising diversity of feelings. Joy, for instance, should not be confused with high-fiving elation. Consider the quiet joy a parent feels when looking in on his sleeping child. By contrast, the jubilation of a sports fan whose team has just scored a goal may be less pleasant, and less fulfilling, even if the feeling is more intense.

Engagement: vitality and flow

The second dimension of happiness concerns your *engagement* with your life: not bored, listless, and withdrawn, but energetic, interested, and engaged. You can affirm your life, not just by giving it a 'thumbs up', but by enthusiastically taking up what it has to offer. This can happen even when things are not going particularly well, for instance when struggling to accomplish a difficult goal.

There are two forms of engagement. The first of these centres on states of energy or *vitality*: what we might call the exuberance–depression axis. A passionate and demanding orchestra conductor, for instance, might be exuberant, even happy, without being obviously cheerful or joyful. I do not know whether the Cleveland's George Szell was like this, but he was evidently quite passionate in living, embodying a kind of exuberance (Figure 3). The mere fact that he was a harsh taskmaster need not disqualify him from happiness. A lot depends on whether his temper often left him deeply unsettled, or simply passed through, leaving little imprint on his inner state.

The exuberant form of happiness is typified in ideals of passionate living, notably in Nietzsche, Goethe, and countless other

3. Cleveland Orchestra Conductor George Szell

romantics and artists. But one need not pursue the passionate life to the Nietzschean extreme. Many people, like Big Joe, lead lives of great vitality without great suffering.

The second form of engagement appears in Aristotle's work, and more recently in the notion of *flow* developed by psychologist Mihaly Csikszentmihalyi. Flow is the state you assume when fully engaged in an activity, typically a challenging activity performed well. Athletes and musicians describe it as being 'in the zone'. In states of flow, you lose all sense of self-awareness, of the passage of time, and are not aware of feeling anything at all. Yet it is a highly pleasant state, and clearly a state in which you are happy. It is roughly the opposite of boredom.

The importance of engagement is particularly clear in cases of depression, where lethargy and listlessness signals a broad psychic disengagement from one's life. This sort of withdrawal is always awful, and sometimes disordered. But it can sometimes be functional, facilitating major life changes by pulling us out of our existing routines and signalling that our present way of living may not be worth continuing.

Attunement: peace of mind, confidence, expansiveness

To understand the third dimension of happiness, consider its most familiar aspect, tranquillity. Tranquillity tends to get the back of the hand these days. People crave entertainment and excitement, and peace of mind can sound a lot like boredom. 'Just give me a Xanax to take the edge off, thank you, and I'll be on my way.'

But I would suggest that tranquillity, or something like it, is the cornerstone of happiness. Perhaps it is possible to be happy without it, but the going will be tough. To see why, we need to get clearer on what tranquillity is. We might think of it as 'settledness': not merely peace of mind or lack of internal discord but a kind of inner surety or confidence, stability and balance. Being imperturbable. The ancient Greeks called it *ataraxia*, Buddhists *sukkha*, and it was perhaps the most sought-after state of mind in ancient religious and ethical thought.

Consider how the happy person looks. While endorsement's characteristic appearance is the smile, and engagement's the jaunty gait, tranquillity presents itself in the relaxed, easy posture. It is clearly a highly pleasant state, and not simply the absence of disturbance or other feeling. Nor does it rule out states of high energy or exuberance, as Big Joe illustrates.

Let's expand on this. Think about the biological condition that states like tranquillity represent. When an organism is in familiar and safe circumstances, where it has mastery of its environment, it can let down its defences and confidently engage in whatever pursuits it wishes. It is this condition, in a person, we are concerned with. The Stoics might have said that the individual in that situation finds her life *oikeion*—familiar—to her. She is utterly at home in her life. In her element.

Similarly, think of the state you assume when relaxing with family, or with an old and dear friend. You feel completely at home with that person. 'Tranquillity' seems too narrow a term for the condition of psychically being at home in one's life.

I will call it a state of *attunement*. In this state a person relaxes and blossoms, living as seems natural to her, without inhibition. The opposite of attunement, disattunement, is not merely anxiety, but more like *alienation*: your circumstances are in some sense alien to you—unfamiliar, imposing, threatening. Defences go up: anxiety, stress, insecurity. Attunement appears to have three basic aspects:

1. Inner calm ('tranquillity')
2. Confidence
3. Expansiveness of mood or spirit. Feeling 'carefree', or being 'uncompressed'.

'Confidence' refers to an emotional condition, not your opinion of yourself. Think about what we might call 'somatic confidence'—feeling wholly at home in your body. Picture, at the negative pole, Nixonian awkwardness. The former president seemed to personify a Cartesian dualism of body and mind gone badly askew. You could have stood *behind* Nixon while he thrust his appendages skyward to signal 'victory' and known immediately that you were not observing an entirely happy man. At the positive end of the spectrum, we might imagine the athletic grace of a ballet dancer.

Contrary to popular stereotypes, attunement arguably forms the core of happiness. Anxiety, stress, insecurity, and related states are not just unpleasant in themselves. They rob us of much of our capacity for the other dimensions of happiness. You might get some measure of cheerfulness while suffering from these forms of disattunement. But exuberance, flow, and joy will be hard to come by. Intuitively, a troubled, anxious, tense, or stressed out person does not seem to be happy, however cheerful she might be. She isn't really at home in her life.

It is easy to overlook the importance of attunement for human well-being, because it does not command our attention like the others do. Take the condition of being *stressed*. Stress is said to be pervasive in the present culture, yet seems not to be taken very seriously. Worries about it are often dismissed as the petty complaints of the rich. Such attitudes are unsurprising since stress usually doesn't monopolize our attention the way, say, back pain can. It can seem more a nuisance than a great problem.

The appearance is misleading, for the main drawback with stress is not the suffering it involves but its corrosive impact on the person. (In one rather more literal way than you might imagine: stress can leave a lasting mark on your genes, increasing your risk of future disease. There is good evidence that your baby can *inherit* those changes, and later on acquire further genetic changes, not to mention changes in brain development, from living with your stress.)

As well, stress compresses and flattens the spirit, smothering your capacity for pleasure. Stressed individuals get less out of life, and indeed there may be less *to* life for them. For their attention is narrowed, and they cannot as easily enjoy, or even notice, what life offers them. The joys of living, the manifold small pleasures that leaven our days are substantially foreclosed when we are stressed. What remains is usually quite bearable, but a lot less worth having.

On a winter morning not long ago, one of the world's leading concert violinists, Joshua Bell, pulled out his Stradivarius and gave commuters in a Washington, DC, subway station a 43-minute virtuoso performance. 1,097 people passed by, many being the sort that routinely pays $100 for a ticket to see him play in a concert hall. Fears of a mob scene proved unwarranted: almost everyone completely ignored the musician, and only seven stopped to listen for even a moment.

A Brazilian shoe shiner who normally dislikes street musicians remarked, 'If something like this happened in Brazil, everyone would stand around to see. Not here.' She continued, 'People walk up the escalator, they look straight ahead. Mind your own business, eyes forward. Everyone is stressed. Do you know what I mean?' The one commuter who recognized Bell exclaimed to a *Washington Post* reporter, whose article was fittingly entitled 'Pearls Before Breakfast':

> It was the most astonishing thing I've ever seen in Washington. Joshua Bell was standing there playing at rush hour, and people were not stopping, and not even looking, and some were flipping quarters at him! Quarters! I wouldn't do that to anybody. I was thinking, Omigosh, what kind of a city do I live in that this could happen?

Mostly affluent in material terms, these busy, disattuned commuters were in some ways quite poor: in this case time poverty. This in turn yields lives impoverished of beauty and wonder. This is not a minor disadvantage. Recall the quote from the Pirahãs that started this book: when asked why a missionary would be visiting them, beauty is the first thing they mention.

The hidden face of happiness

Our sketch of happiness is not yet complete. So far we've considered the felt or experienced side of happiness. But there's more to it than that. Take the fictional case of Robert:

> Robert leads a very active life, and most of the time he is in a good mood: cheerful, smiling, and genuinely feeling good. He also believes that his life is going well and sincerely reports being satisfied with his life. Yet at the end of the day, when he is alone and no longer occupied with things to do, he often feels deeply depressed, sometimes breaking down in tears before falling asleep. He has been like this for several months.

Robert's overall balance of pleasant over unpleasant feelings—his 'hedonic balance'—seems decidedly positive. But is he happy?

Almost no one I've asked thinks so. Of 39 students given the case, only one deemed him happy, and the most common response was 'very unhappy'. About half the students were asked to explain their answers to the question, and only one suggested that his experience was actually unpleasant on the whole. The most common explanation, by a narrow margin, was this: 'deep down, Robert's emotional condition is bad'.

This is interesting. Apparently, many people think you can be unhappy, in emotional terms, even though you usually feel pretty good! What's going on here? According to a long tradition of psychological thought, a large portion of psychological well-being is *unconscious*. On this view, much of what ails us lies buried beneath the surface of consciousness. While we tend to associate such ideas with Freud and his followers, you need not buy into Freudian theory to accept the importance of unconscious states for human well-being. Indeed, virtually everyone nowadays takes the idea for granted, fuelling countless films and novels whose characters' seeming happiness is belied by smouldering distress, just waiting for the right trigger to bring it out. In the film *American Beauty*, for example, the chipper realtor Carolyn Burnham maintains a sunny demeanour that no one in her family mistakes for happiness: beneath the smiles lies a foundation of festering torment, and it is only a matter of time before she snaps (Figure 4).

In Robert's case, his workaday good cheer masks a deeper discord, which he manages to keep at bay with busyness. His emotional condition, though positive on the surface, is decidedly *un*favourable. He is unhappy.

It seems that happiness includes, not just experienced emotions and moods, but the *nonconscious* aspects of our emotional conditions as well. What, exactly, does that involve? Perhaps we need to posit unconscious moods and emotions. I am not sure we know enough about this region of the psyche to say with any confidence. Perhaps all that really matters is that, in such cases,

4. Annette Bening as Carolyn Burnham, *American Beauty*

we are especially *prone* to experience certain moods and emotions. You might have a hair-trigger tendency to become anxious, for instance. Or perhaps you're generally in a good mood, but unusually likely to become irritable or sad. And those propensities alone count as deficits in your happiness.

Let's call this aspect of happiness a person's *mood propensity*: her current propensity to experience certain moods and emotions rather than others. While an individual's temperament tends to be more or less fixed, her mood propensity changes with the circumstances of her life. Cases like Robert suggest that mood propensity is a major aspect of happiness. Ordinarily we don't think much about this side of happiness, because our mood propensities tend to line up with our experienced feelings. But sometimes they do not. A man grieving the recent loss of his beloved wife, for instance, might cope by distracting himself with chores, watching movies, and playing poker. Yet his close friends don't consider him happy, for his calm and good cheer rest on a knife-edge, liable to turn at any moment into anxiety or tears.

Happiness as emotional well-being

Let's say, then, that happiness has two parts: your emotions and moods, and your mood propensity. Taken together, these things constitute your emotional condition. So:

> To be happy is for one's emotional condition to be favourable on the whole.

Think of happiness as roughly the opposite of anxiety and depression, or what psychologists often call *emotional well-being*. Since this term already has some currency, I will often refer to happiness as emotional well-being.

An interesting feature of the Robert case is that, if my students' reactions are any guide, it finds virtually no support for one of the most popular theories of happiness, *hedonism*. Hedonists define happiness as a positive balance of pleasant over unpleasant experience. Hedonism is far better known than the emotional state theory, perhaps because people assume that there's no difference between them.

As 'Robert' makes clear, the two theories are different: people seem to grant that Robert's experience is mostly pleasant, but still think him unhappy on emotional grounds. If nonconscious states form the basis for calling Robert unhappy, then hedonism *can't* be the theory people are relying on. Nonconscious states aren't experiences, by definition. So they can't very well be pleasant or unpleasant experiences.

In fact, the differences between the two theories are pretty deep. According to hedonism, to be happy is just for the flow of your experience to be pleasant enough. Happiness is just a sequence of experiences. According to the emotional state view, to be happy is for your psychological *condition* to be a certain way. To assess happiness is to try to figure out a person's basic emotional orientation or demeanour: is she reacting favourably, in emotional terms, to her life? To be happy is essentially to be favourably disposed, in emotional terms, toward your life.

A colleague and leading Buddhist thinker on happiness, Matthieu Ricard, describes a very similar view in these words: 'By "happiness" I mean here a deep sense of flourishing that arises from an exceptionally healthy mind. This is not a mere pleasurable feeling, a fleeting emotion, or a mood, but an optimal state of being.' This state of being, moreover, 'defines the quality of every moment of our lives'. Ricard himself, pictured in Figure 5, is a pretty good example.

5. Buddhist monk Matthieu Ricard and friends

Widely reputed to be an exceptionally happy person, he certainly seems that way to me.

You can accept the basic idea of an emotional state theory of happiness without agreeing with my suggestions about the three dimensions of happiness, or the nonconscious side of happiness. If you think about our emotional conditions differently, you may prefer a different version of the emotional state view. Some readers may prefer yet another account altogether, such as the life satisfaction theory. We will take up that theory next.

Chapter 3
Life satisfaction

> 'How's your wife?'
> 'Compared to what?'
>
> Henny Youngman

Two happy men?

One summer night in 1958, Moreese 'Pop' Bickham raised a shotgun and fired at two sheriff's deputies. Soon, both were dead. This being segregation-era Louisiana, and Bickham being black, the act did not bode well for his future. He was promptly sentenced to death and imprisoned in the notorious Angola State Penitentiary, the only surprise being that he wasn't immediately lynched. The facts of the case remain disputed, but Bickham maintains, plausibly, that he acted in self-defence, firing only after having been shot himself. The deputies were allegedly Klansmen out to murder him following a minor argument outside a bar.

Thirty-seven years later, a 78-year-old Bickham was released from Angola following revelations of an unjust conviction, aided by good behaviour in prison. He continues to express remorse for killing the deputies. But on his release, Bickham was asked how he felt about spending nearly half his life in a Louisiana penitentiary, including 14 years on death row. 'I don't have one minute's regret,' he replied. 'It was a glorious experience.'

There were, alas, no happiness researchers in the vicinity. But Bickham comes very close to calling himself satisfied, indeed very satisfied, with his life. It takes very little imagination to suppose that, had he been asked if he was satisfied with his life as a whole, he would have replied in the affirmative. As Bickham 'firmly' averred to a reporter, 'the freest person in the world is the one that's satisfied with what they have'. As many people facing hardship do, he made the best of a tough situation and counted his blessings: 'To live through all this and come out with as much health as I got and the mind that I got, I'm so glad and happy and praising the Lord for it.' There is nothing at all unreasonable about this. In fact it seems something to admire. One of the men who laboured to win Bickham's freedom, radio journalist David Isay, called him 'the most inspirational man I've met'.

Let's suppose Bickham was satisfied with his life, even through much of his ordeal in prison. Should we say that he was *happy* during those years? According to one popular theory of happiness, the *life satisfaction* theory, the answer is yes. There are two things to notice, however.

First, this kind of 'happiness' does not tell us whether Bickham led an emotionally fulfilling life in prison—whether he was in good spirits, at peace, enjoying himself, energized or otherwise in a positive emotional state. Perhaps he was, but that is a different matter from whether he was satisfied with things: life satisfaction is fundamentally a judgement about your life, and you can judge your life favourably no matter how you feel.

At any rate, it is doubtful whether Bickham's life in prison was really pleasant or emotionally fulfilling: we're talking about what is, by reputation, one of the most brutal facilities in the civilized world. Asked if he was like the 'Ice Man' who spent 5,000 years entombed in a glacier, Bickham replied, 'I wasn't on ice, but I was in a can; and they opened the can and I crawled out.' While locked up,

Bickham frequently turned to scriptures for solace; his favourite Bible verse was Psalm 31: 'I am forgotten as a dead man out of mind: I am like a broken vessel.' Now a free man, he prefers Psalm 30: 'Weeping may endure for a night, but joy cometh in the morning.'

I do not think we are compelled to believe that Bickham led a joyous existence in Angola State Penitentiary. And it might seem strange to deem *happy* the 'weeping' prisoner, however satisfied with his life he might be.

The second thing to notice is that, even if satisfied, Bickham may not have thought his life was going *well* for him. In fact it seems rather plausible that he did not: he plainly thinks it vastly better to be free than 'in a can', and is hardly unaware of how much of his life passed him by.

> When I first went in, I had only one daughter, now she's got eight children and they got 24 children. All that happened since I been locked up. It makes a man think, 'How in the world (did) all this happen, and I've got to be away from it?'

He might very well have thought, 'Well, my life is going *terribly*, but at least I've got my health and my wits. What God has given me is more than I have any right to expect, so I'm satisfied.'

To be satisfied does not mean you think your life is going well for you, by your own standards or any other.

If we say, then, that Bickham was happy in prison because he was satisfied with his life, that leaves entirely open whether he had a pleasant or otherwise decent emotional life, or whether he saw his life going well by his standards. It tells us only that he figured it was going well *enough*, however badly that might be.

This might seem a rather curious theory of happiness. You would not be out of line to wonder why anyone should care very much about being happy, if that's all it amounts to. If this is happiness, who needs it?

Perhaps Pop Bickham is a little hard to evaluate, since he seems to have such an upbeat personality. Having little more than the happy ending to go on, it may not be easy to picture the long dark nights of sorrow.

If so, then I offer for your consideration Ludwig Wittgenstein, the famously tormented philosopher who, dying young from an illness, reportedly said to 'tell them I had a wonderful life'. Sometimes called the most important philosopher of the 20th century, it seems not unreasonable for Wittgenstein to have said this about his life, which was certainly interesting and filled with accomplishment. But *happy*? Look at his picture (Figure 6). The man looks like he was born seeing a ghost. This is the sort of 'wonderful life' that one should not wish on the meanest kid in town, and I sorely hope that none of my children experience Wittgenstein's particular brand of wonderfulness. The fellow oozed misery, to the point that his brother Paul, a concert pianist, once protested that 'I cannot play when you are in the house, as I feel your skepticism seeping towards me from under the door!' If you're still not convinced, I recommend a visit to the house he designed for his sister in Vienna, architecture being another of his pursuits. The soulless domicile reeks of gloom, and not even Wittgenstein liked it despite having laboured intensely over it for two years. Nor did his sister, who somewhat surprisingly was not among the three Wittgenstein siblings to commit suicide—the philosopher himself nearly becoming a fourth. And yet, Wittgenstein was evidently satisfied with his life.

As many researchers define happiness, these men were happy. So too are the 6–7 per cent of respondents in one study who claimed

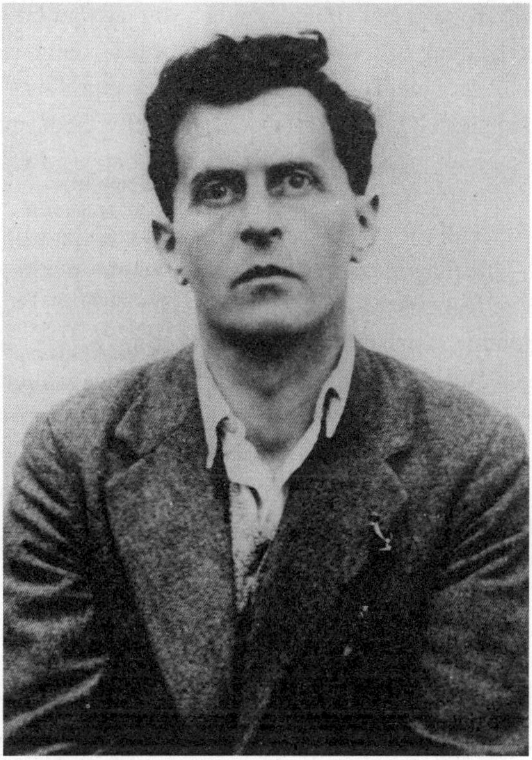

6. Ludwig Wittgenstein

to be 'completely satisfied' with their lives, though they also believed themselves to be *'usually unhappy or depressed'.* Could this be happiness as we know it?

The life satisfaction theory of happiness

While hedonistic and emotional state theories roughly take happiness to be a matter of *feelings*, life satisfaction is normally thought of as mainly being a matter of *judgements*. There are lots of ways to interpret the notion of life satisfaction, but here I will focus on the most common and compelling version of the view. To be satisfied with your life is to regard it as going well enough by your standards: taking all things together, you see your life as having enough of the things you care about. So life satisfaction is a global evaluation of your life. There is something very appealing about this view of happiness: it takes you to be the authority about your life, and ties your happiness to your view of what matters for you.

People often call life satisfaction a 'hedonic' good—a good of pleasure—lumping measures of life satisfaction in with measures of feelings. This is a mistake. The whole reason for focusing on life satisfaction instead of feelings is precisely that it is *not* just a question of pleasure. Most people care about lots of things besides their own pleasure, and life satisfaction seems to reflect that fact. A high-achieving artist or scientist might be satisfied with her life even if it isn't terribly pleasant: she's getting what she cares about. Life satisfaction seems distinctively important because it tracks people's values. At least, it seems like it should.

How important is life satisfaction?

And yet it doesn't, at least not in the way you might expect. People can quite reasonably be satisfied despite feeling bad, and *despite thinking their lives are going badly for them.* As we saw in the case of Bickham, that you are satisfied with your life tells us surprisingly little about how well your life is going in relation to what you care about.

Why should life satisfaction be so loosely related to our own sense of how our lives are going? There are two basic reasons for it. First, life satisfaction involves making a *global judgement* about your life. But lives are complicated mixtures of good and bad. You might be glad about having an interesting job, impressive hang-gliding skills, a loving family, and a functioning laptop, but not so glad about that back problem, the creepy friends your kids hang out with, that lie you told your husband, or your parents being deceased. And so on, ad-for-all-intents-and-purposes-infinitum. How does it all add up? Who knows?

Life is not a gymnastics routine. If you try to boil your life down to a single number, the result is bound to be pretty arbitrary. (Even gymnastic scores tend to involve a fair dose of whimsy.) Given how you see things, you might just as easily label your life a 4 or a 7. The fact that you happen to report a seven, in this case, doesn't mean your life is going any better than if you'd offered up a four. It's a coin toss.

Second, life satisfaction involves a special kind of global judgement about your life: a judgement about whether your life is going, not just well, but *well enough* for you. Is your life satisfactory? If you think about it, that's kind of a strange question. Satisfactory compared to what? 'Compared to your goals or aspirations', one might say. But *how much* must you succeed in your goals to reach the 'satisfactory' point? Will getting 12 per cent of what you want suffice, or do you require 74 per cent? Or 100? Is this even an important question?

We often have some idea how to answer such questions about consumer products. If you order a steak well done and it comes out rare, for instance, you have pretty clear expectations and an obvious remedy: it isn't satisfactory, so you send it back. If your life has some nasty bits, though, what should you conclude? Life is not a consumer product. You can't very well send it back for an upgrade, or shop somewhere else next time. Anyway, the price of admission is free: you're just born, and there you are. So it's hard to know where to set the bar for a 'good enough' life. You might choose to be satisfied with a 2, or require an 8 to be satisfied. The fact that you're satisfied with your life may simply mean that you've dropped the bar so low it would take a catastrophe to get you to be dissatisfied. It sure beats being dead.

And so, having made an arbitrary decision about how to add up all the goods and bads in your life, you must make another arbitrary decision about where to set the bar for 'good enough'. A coin toss on top of a coin toss. It may not seem that way, because we often settle into a standard way of making these judgements. For instance, unless things are really bad or really good, you might just say 'fine', or 'pretty satisfied'. Which may be why answers to life satisfaction questions so often converge on the 75 per cent mark of whatever scale you choose: don't want to complain, but not perfect. 'Fine.'

Because we lack any compelling reason to arrive at a particular judgement of life satisfaction, we are free to base our judgements partly on things that have no bearing on how well our lives are going. You may decide to focus more on the positives because you care about virtues like gratitude or fortitude. Perhaps you'd feel like an ingrate being dissatisfied with your life. Or maybe you focus on the positives when things are bad to cheer yourself up. But if you register satisfaction with your life because you don't want to be a complainer, that doesn't tell us much about how well you see yourself doing.

So the fact that people in hard circumstances report being satisfied with their lives does not tell us that they're doing well. Slum dwellers in Calcutta tend to say they're satisfied with their lives, but that leaves entirely open whether they think their lives are going well for them. As the title of the paper reporting this finding suggests, perhaps they're just making the best of (what they see as) a *bad* situation. Similarly, large long-term studies of Germans and Britons found most people claiming to be satisfied with their lives *throughout the experience of their spouses dying, or becoming unemployed.* It is unclear whether they really thought their lives were going well for them during these hardships. When asked to explain why they are satisfied with their lives, Egyptian study participants did not always reply, 'because my life is great'. Instead, they said things like:

> A person adapts himself to his conditions, I accept my destiny.
> One day is good and the other one is bad, whoever accepts the least lives.
> God wants this. Whoever is satisfied says thank God and whoever is tired says thank God. We cannot do anything.

Which are just so many ways of saying, 'life is pretty much a kick in the groin, but what can you do?' This is probably not the sort of happiness you had in mind for your kids.

Worse, satisfaction can respond perversely, or not at all, to important changes in our lives. Dialysis patients in one study reported life satisfaction no lower than healthy individuals, yet also stated that they would give up *half their remaining life-years* to regain normal kidney function. In other words, their life satisfaction reports failed to register a colossal dissatisfaction, probably because they coped with the illness by comparing themselves with other patients.

In a study of colostomy patients, those with permanent colostomies actually reported *higher* life satisfaction than patients with temporary colostomies. Why? A permanent colostomy means needing to wear a bag to hold your waste for the rest of your life. Is that really better than a temporary one? Most likely, the ones with no hope of improvement simply lowered the bar for a 'good enough' life. Doing worse from their point of view, but more satisfied.

You might have thought it important that people be happy. But if by that we just mean life satisfaction, then a world of admirably positive-thinking prison inmates, languishing in *what they see as* unfulfilling, unpleasant, and stunted lives, should do the job nicely. This is not a very inspiring notion of happiness.

It can be hard to get one's mind around the idea that life satisfaction is not terribly important. When we picture the satisfied person, we tend to imagine certain stereotypes: Aunt Greta reflecting on a highly successful life, say. And since most people seem to report being dissatisfied only when things are truly dismal, that's our image of the dissatisfied person: Uncle Bob ruing his ailing health, failed aspirations, and crumbling relationships.

But what's significant in these cases is not so much the *judgement* of satisfaction or dissatisfaction: it's the success or failure of their *lives*. Aunt Greta's life would still be successful if, duly noting her fulfilling career of high achievement, she concluded that it should be still better: thriving, but dissatisfied. And Uncle Bob's life would still be a catastrophe if he lowered the bar and decided that, well, it could have been worse: miserable, but satisfied. It seems to make only a modest difference whether they are satisfied. But shouldn't it make a huge difference whether they are *happy*?

There is little question that when people speak of happiness, they sometimes have life satisfaction in mind. So it is not quite a mistake to call the merely satisfied 'happy'. But it is probably misleading, and not very helpful.

How life satisfaction does matter

None of this shows that life satisfaction studies can't provide useful information. Even if it isn't very important whether people are satisfied with their lives, knowing whether one group is *more* satisfied than another can tell us about *relative* levels of well-being. Exceptions duly noted, people reporting higher life satisfaction tend on average to be doing better in realizing their values. They report greater satisfaction with specific things in their lives, and generally tend to be doing better on other measures as well. This could be true even if *everyone* set the bar so low that they would be satisfied with just about any life. Still, the problems we've been discussing raise significant worries about life satisfaction measures. Since it seems important to know how people see their lives going, researchers may want to develop better ways to get this information.

There is an interesting corollary to the idea that the vast majority of people could reasonably be satisfied with their lives. As we will see in the last chapter, it suggests that most people actually have good lives. Not in the sense of being well-off or flourishing, but in the broader sense of having choiceworthy lives—lives they could justifiably endorse. Lives one could, when delivering their eulogies, reasonably deem 'good'.

Bickham and Wittgenstein probably weren't making a mistake in affirming their lives. On the contrary, they seem actually to have *had* good lives: lives worth affirming, warts and all. The mistake is ours: supposing that life satisfaction tells us whether people are doing well or thriving. Apparently, it does not.

What is happiness? Summing up

Summing up the message of the last two chapters: emotional state theories of happiness make intuitive sense and explain the importance we attach to being happy. The rest of the book will assume such a view. Hedonistic theories also vindicate the seeming importance of happiness, but don't seem to fit the ordinary notion of happiness very well. Life satisfaction theories have some intuitive plausibility, but can't seem to make sense of the value we place on happiness. 'I just want my kids to be happy' might be a little exaggerated. But it sounds a lot more compelling than 'I just want my kids to be satisfied'. If you want them to be satisfied, suggest they think of Tiny Tim and count their blessings.

Chapter 4
Measuring happiness

> Happiness in intelligent people is the rarest thing I know.
>
> Ernest Hemingway

The challenge

Can happiness be measured? The short answer is yes...sort of. To get a sense of the challenges, imagine a pair of communities, Eudonia and Maldonia. Here is one facet of life in these places:

- On a typical day in Eudonia, a typical resident is liable to be at ease, untroubled, slow to anger, cheerful, quick to laugh, fulfilled, in an expansive and self-assured mood, curious and attentive, alert and in good spirits, and fully at home in her body, with a relaxed, confident posture.
- In Maldonia, the average person tends to be stressed, anxious, tense, irritable, worried, weary, blue, distracted and self-absorbed, uneasy, awkward and insecure, spiritually deflated, pinched, and compressed.

I suspect many readers will agree that Eudonians are generally happy, while Maldonians are unhappy. Not only that, but this is a very important fact about them. When deciding how to live, the greater happiness attending the Eudonian way of life is surely a major point in its favour. In fact it takes some work to imagine how Maldonia could, realistically, be a better place to live.

Good measures of happiness should tell us that Eudonia is happier than Maldonia. They should also convey something of the size of the difference: Eudonia should rate much higher on our happiness scales than Maldonia. Can our measures of happiness accomplish this?

You might think something as complex and elusive as happiness would be impossible to measure. And you'd have a point: precise measures of happiness are out of the question. We'll never be able to assign an exact number to how happy a person is.

For most purposes, though, the science of happiness can get by with rough measures that tell us, on average, which groups of people tend to be happier. And which sorts of things tend to make people more or less happy. For these questions, we don't need exact measures, and many errors tend to wash out when comparing large groups of people. The reason is that you'll get the same errors in each group, so any differences between the groups probably aren't due to error. For instance, maybe people understate their happiness slightly on rainy days, because the weather gets them thinking more negatively. But the fact that people with jobs report higher happiness than the unemployed is probably not an effect of the weather. It would be quite a coincidence if unemployed people just got asked on rainy days, while people with jobs only did the questionnaire on sunny days. More likely, unemployed people do worse on the happiness measures because they *are* less happy.

Think of it this way: most people seem to agree that depression and anxiety questionnaires are useful for figuring out how depressed or anxious people are. People who score really poorly on a depression survey probably aren't in a great mood. But notice that these just *are* happiness questionnaires. The only difference is that they focus on certain kinds of unhappiness. Measuring happiness is no more mysterious or fraught than measuring depression and anxiety. And it should be no more controversial.

So serviceable measures of happiness are easier to come by than you might think. In fact almost all the measures currently in use tend to track the sorts of things you'd expect them to: smiling, health, longevity, stress hormones, friends' reports, and so forth.

What to look for in measures of happiness

Many of these measures still leave a lot to be desired. Probably the least useful are surveys that simply ask people to say how 'happy' they are. Since people interpret the word 'happy' differently, different respondents will effectively be answering different questions. Some people may think the researchers want to know if they're satisfied with things, while others take it to be a question about their emotional well-being. (Consider how differently Wittgenstein might have answered these questions.) Researchers need to make up their minds which meaning of happiness they're interested in, and use measures that clearly track *that*.

Other measures ask people about life satisfaction, which at least has a fairly clear meaning. But we've seen that this is quite different from happiness in the emotional sense that we're talking about here.

If we *had* to limit ourselves to a single question, it might take the form of asking people to rate their emotional conditions on a scale from, say, 'depressed and stressed' to 'joyful and relaxed'. Still, it is not easy to sum up your entire emotional life in a single number. Better measures would make detailed inquiries into people's emotional conditions, asking about each of the three dimensions of happiness. For instance: do you feel angry right now? Stressed or worried? Do you feel 'slowed down', lacking energy? Or: did you laugh or smile a lot of the time yesterday? Did you get caught up in an interesting activity? Are you able to enjoy things these days? Have you been quick to get angry lately? And so on. Through such questions we can get a rough sense of a person's emotional profile and make broad comparisons.

Future measures will likely go beyond these sorts of self-reports, looking as well at stress hormones, brain imaging, and voice and facial expression analysis, among other things. But for now, most of our evidence about happiness relies on self-reports.

When reading about scientific studies of happiness, it is wise to bear three caveats in mind:

1. *What is the study measuring?* Ideally, a self-report measure of happiness should have multiple questions assessing all major aspects of emotional well-being—for example, attunement, engagement, and endorsement.
2. *Do the groups being compared tend to answer happiness questions differently?* For instance, Italians might have a 'don't get me started' culture that puts less of a positive spin on things than Americans, whose default is 'can't complain'. So an Italian might report lower happiness than an American even if they are equally happy.
3. *If the study claims that some group of people is 'happy', what's the evidence?* Most studies like this are talking about life satisfaction, not happiness in the emotional sense. And if they are talking about emotional well-being, there's a problem: we don't know *how* happy people must be to qualify as 'happy', versus 'not-happy'. Let's see why.

How happy is happy?

Suppose we find that people experience more positive feelings than negative. Can we conclude that they are happy? The standard answer is 'yes'. Yet it's not clear anyone has ever seriously defended the idea; it has just been assumed. This is an extremely shaky assumption. Remember the case of Robert, discussed earlier: he clearly has more positive than negative emotion, yet he is just as plainly unhappy. Offhand, a life in which one feels bad nearly as much as one feels good doesn't sound very good at all. Suppose you have nine bad meals for every ten good ones, get nine pokes in the eye for every ten orgasms, etc. That sounds awful. In fact many philosophers have offered a very similar threshold for a life that's barely worth living: a life where the pleasure just outweighs the pain. You might have thought there was a considerable distance between happiness and a life that's barely worth living. Which in turn is just a shade better than being dead. Be happy or die?

English philosopher John Stuart Mill (1806–73) wrote that happiness involves 'an existence made up of few and transitory pains, [and] many and various pleasures'. That sounds more like it, though we should want to focus on emotional states rather than pleasure. Can we make it a little more precise? Some research points to a threshold of around three positive emotions to every negative emotion. Above this threshold, people may tend to do well in a variety of ways. Whereas things generally go worse when the ratio of positive to negative emotion drops below 3:1. I suspect the truth will prove to be a little more complicated than that. But this much seems plausible: *happiness probably requires an overwhelming predominance of positive over negative emotional states*. In which case most researchers are working with the wrong cutoff for happiness, overstating how many people are happy.

This is not an academic point: if someone is happy, people tend to figure that he is probably doing well. If he's unhappy, that he's doing badly. So when studies pronounce that most of the population is happy, the natural conclusion is that most people are doing well. So why not move on to more pressing problems?

Suppose, for example, that happiness does requires a 3:1 ratio of positive to negative affect. In that case, some of the evidence that supposedly shows most people are happy may actually support the *opposite* conclusion. A study of Germans, for example, found that people's emotions were negative about 34 per cent of the time. This was believed to support the idea that most people are happy. Yet it might actually be evidence that most people are *not* happy. That's a pretty different conclusion!

Are people as happy as they say they are?

However, the studies tend not just to say that most people are happy. They tend, rather, to say that the *overwhelming majority* of people are happy. In an oft-cited 1976 study (Figure 7) of Americans, for instance, 93 per cent of people claimed to be happy, with only *3 per cent unhappy,* and 0 per cent choosing the most negative of the seven options. A 2007 Gallup poll found 92 per cent of Americans reporting happiness, with only 6 per cent 'not too happy' (the closest thing to a negative option). Remarkably, 98 per cent of respondents with household incomes over $75,000 reported happiness, while only 2 per cent proffered 'not too happy'. In one of the largest worldwide surveys of happiness, the World Values Survey, 94 per cent of Americans reported being happy in 1995.

This is a proportion commonly known as 'everyone'. As in, 'As everyone knows, we've landed men on the moon'. Strictly speaking, 6 per cent of Americans don't believe that. But you can get 6 per cent of the population to say just about anything. And yet it's quite a chore to get even that fraction of the public to say they're unhappy.

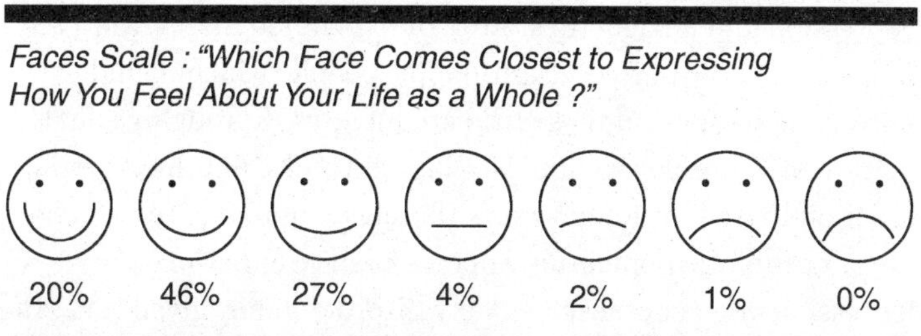

7. **The 1976 smiley-face chart**

Since even in the best conceivable society we should expect some people not to be happy at any given time—death in the family, incurable disease, foolishness, etc.—the 94 per cent figure indicates we are in the vicinity of a theoretical limit. In terms of per cent happy, we may be doing about as well as a society possibly can. Except for Iceland, where 97 per cent claim to be happy. In fact a number of countries match or exceed the United States, and Venezuela and the Philippines trail close behind, at 93 per cent.

The majority of people may indeed be happy. People may well be happier than we tend to think. No doubt intellectuals do have a tendency to overstate the quantity of misery in the world, as Hemingway probably does in the quote above.

But these numbers are preposterous. Even the faintest acquaintance with living, breathing human beings makes such figures wildly implausible. I'm not saying the results are meaningless; higher numbers probably do tend to signal happier people. It's just that they're plainly inflated: in no important sense of 'happiness' could that many people be happy, either now or at any time in recent memory.

For starters, about 1 per cent of Americans are incarcerated. Three per cent are under the supervision of the criminal justice system. But maybe they're happy anyway. Let's consider some more direct evidence.

Depression and anxiety: in studies of the United States, the percentage of purportedly 'non-happy' people, which includes both the unhappy and those who are merely OK, roughly equals the rate of major depression. Not just the blues, but the crippling affliction that tends to make its sufferers want to die. In fact about 12 per cent of the population appears to have either major depression or a generalized anxiety disorder at any given time. In 2006, 11 per cent of adults under 44 took antidepressants. On any given day, around 16–20 per cent of Americans report having felt sad 'a lot of the day yesterday'.

One reason may be loneliness. In one large study, Americans reported having only two confidants on average—individuals with whom they can discuss important matters. Over half have no friends in whom they can confide, and a quarter of Americans have no confidants at all. A leading expert on loneliness, neuroscientist John Cacioppo, estimates that 'at any given time, roughly twenty per cent of individuals—that would be sixty million people in the U.S. alone—feel sufficiently isolated for it to be a major source of unhappiness in their lives'.

How about stress? In 2007, one-third of Americans reported extreme levels of stress, rating their stress an 8–10 on a 10-point scale. Three-quarters reported physical symptoms from stress in the last month, with 36 per cent of people so strung out that their stress made them want to cry. The same number said they skipped a meal due to stress. Not surprisingly, 10–15 per cent of Americans suffer from chronic insomnia.

The data on children raise further questions about the hypothesis of near-universal happiness. Consider these recent findings, mostly concerning affluent children:

- In a study of 15,000 American college students, more than half said they'd contemplated killing themselves at some point in their lives. Eight per cent had actually attempted suicide.
- A study of 10th grade girls in an affluent American suburb concluded that 22 per cent had clinically significant symptoms of depression and anxiety.
- In a study of 633 American 9th and 10th graders in the South and Midwest, 46 per cent engaged in self-injury or self-mutilation over the past year. The most common forms were cutting/carving skin, burning themselves, and hitting or biting themselves. (At the

national level, estimates tend toward 10–20 per cent.) Another study found such behaviours in 17 per cent of Princeton and Cornell students.

- In Taiwan, China, where 89 per cent of adults report being happy, 16 percent of 10–12-year-old children make themselves vomit to loseweight.

These figures do not scream 'overwhelmingly happy society'. Or,for that matter, healthy or perhaps even sane. It is certainly not an inevitability that a society's young people want to kill themselves. Now the numbers do not rule out the possibility that a majority of people in the United States, or China's Taiwan, are happy. Some results may not hold at the national level, and any single study may have defects. But it is basically impossible that 94 per cent of Americans are happy, at least in the sense of emotional well-being. Clearly, the self-reports are a little inflated.

People might tend to overstate their happiness for two reasons. First, 'positivity biases' infect the way we think about ourselves: we tend to have overly rosy views of ourselves and our futures, a phenomenon known as positive illusions. While cultures vary in the extent to which they exhibit positive illusions, it is plausible that, when asked how happy they are, most people tend to skew their responses toward the positive side of things.

Second, we lack clear standards of what it means to be happy. The notion is pretty vague in most people's minds. Which means you have lots of licence to call yourself happy without actually lying. Unless you're a complete wreck, you can probably get away with judging yourself happy without being baldly dishonest. And if you can honestly get away with calling yourself happy, why not? If you're not at an Alcoholics Anonymous meeting, why would you say you're unhappy if you don't have to? As a general rule, people don't say they're stupid or ugly unless compelled by some pretty indisputable facts to do so. Luckily, those concepts are vague enough that such facts are hard to come by. Similarly, probably few people call themselves unhappy unless things are so grim that there's no truthful way around it.

Again, this doesn't mean the measures aren't telling us a lot about *relative* levels of happiness: who is happier, and what things tend to go with greater happiness. They can probably tell us that Eudonia is a lot happier than Maldonia. But they can't yet tell us very much about how many people are actually *happy*. Aside from obvious cases, like depression and bulimic ten-year-olds, we just don't know.

Chapter 5
The sources of happiness

> Breathe in. Breathe out. Breathe in. Breathe out. Forget this and attaining Enlightenment will be the least of your problems.
>
> A Jewish joke

Some questions

Listing the sources of happiness is a surprisingly tricky business. One problem is figuring out how to divide things up. Do we focus on relationships? Friends and family? Community? Love? Different researchers often use different concepts, and there's no 'right' set of concepts to use.

A second difficulty: what matters for happiness depends a lot on the kind of society you live in. In parts of Papua New Guinea, happiness might depend on how many cassowaries you own. In most other places, I would venture, the preferred number of these disagreeable birds is approximately zero. And while some of the tribesmen who trade in cassowaries may have little use for money, you will find it hard to get by in Beverly Hills without a *lot* of it. The importance of money for happiness hangs substantially on where you live.

So there's no simple, general answer to the question, how important is money for happiness? Just as there are no simple, general answers to the questions of how important cassowaries, fishing nets, telephones, or cars are for happiness. It depends. This is a screamingly obvious point, but one rarely noted. One of the choices societies have to make is not just how to promote the sources of happiness, but what things they are going to *make* important for happiness.

Still, we know that certain things tend to make a big difference in happiness just about everywhere. Take a randomly selected infant and imagine that she could be placed in any society, at any time. What sorts of things will have the most impact on her happiness over the course of her life? Which items would be most important to get right? Even if there's no single 'best' way to list these items, there's a lot of agreement about the general shape a list should take.

Genes and set points

The influence of genes on happiness has gotten a lot of press. Perhaps you've heard that at least 50 per cent of happiness is genetic, the product of your innate 'set point' level of happiness. I won't say much about such claims in this book. First, there's nothing we can do about it, or nothing we should. Second, no one seriously maintains any longer that genes have so much influence that there's nothing very much anyone can do to promote happiness. This is why researchers bother to compile lists of the sources of happiness. Even if people do have happiness set points, it is obvious that plenty of things can affect how happy we are, for a long time. A bad job, for instance.

There is a kernel of truth in the set point idea: human beings are remarkably adaptable and resilient. Over time, we tend to adapt to most changes in our lives, ending up roughly as happy as we were before. Accordingly, this chapter focuses on the most important things we *don't* adapt to: the things that make a lasting difference in how happy we are.

Our genes hardly determine our destinies. Scientists try to discover the influence of genes on happiness by studying how 'heritable' happiness is: roughly, how much of the variation we see in people's happiness is due to differences in their genes. People make lots of mistakes when talking about studies of heritability. To move things along I won't explain the intricacies, but will simply offer an example. In one paper on the heritability of happiness, the authors famously suggested that trying to become happier may be 'as futile as trying to be taller'. We're trapped on a hedonic treadmill, with no hope of progress. This is plainly false and has since been rejected by at least one of the authors. But while it is indeed hard to make yourself taller, the pursuit of greater height is not futile at all. Improved living conditions have raised the stature of men in the Netherlands by 8 inches in the last 150 years. They went, that is, from being short, at 5-foot-4, to being tall, at over 6 feet today. Yet height is certainly more heritable than happiness.

If we can do for happiness what modern societies have done to make people taller, that will be an enormous achievement.

The sources of happiness: SOARS

What, then, are the chief sources of happiness? I will focus on five items that researchers generally agree on. These are, in no particular order (except to provide a usable acronym):

1. Security
2. Outlook
3. Autonomy
4. Relationships
5. Skilled and meaningful activity

The constituents of this list are well-established in the scientific literature. In essence, I have extended the list of universal human needs proposed by psychologists Richard Ryan and Edward Deci. They posit three basic needs for autonomy, competence, and relatedness. To this list I have added two other items: outlook and security. While Ryan and Deci's 'eudaimonic' approach to well-being is somewhat controversial, the importance of these items for happiness is generally a matter of consensus, with the possible exception of autonomy.

Security

The plainest necessity for happiness is that you don't feel under threat: you feel secure in the possession of what matters. This can seem pretty obvious on the face of it. Nobody expects to be happy when the bill collector comes knocking.

But the role of security in happiness is more complicated than it seems. There are different kinds of security, and the sorts that matter for happiness are not always what we might expect. Physical risk, for instance, need not cause anxiety even if we are aware of it. Rock climbing is not the world's safest pastime, yet climbers often describe clinging to a sheer cliff face, just one tiny mistake from death, as a *calming* activity. The Pirahãs lead far more perilous lives than most of us, yet seem about as untroubled as anyone you're likely to meet (Figure 8). Come to think of it, the physically safest people seem often to be the most anxious, worried, or stressed. This may not be coincidental: activities involving some physical risk tend to focus the mind, quieting the din of intrusive thoughts and worries that so often occupy and distract us.

In short, the security that matters for happiness is *perceived* or felt security. At least three sorts of security seem particularly important for happiness. Thus far we have focused on perceptions of *material* security. Again, this can be somewhat independent of actual material security. In fact wealth can breed material insecurity, inflaming the appetites, raising expectations, and habituating us to high living. This makes us needier, more vulnerable to disappointment, frustration, and anxiety. The point is fairly obvious, and nothing new. Epicurus, the ancient Greek hedonist, had this advice on how to lead a pleasant life: avoid

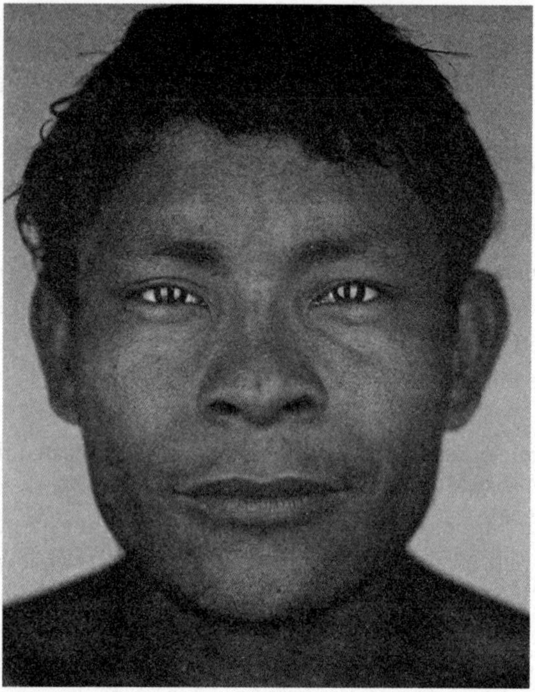

8. Xopi, a Pirahã man

luxuries and live simply. Luxurious living turns you into a needy person whose happiness depends on things easily lost. The Stoics offered similar advice, as do Buddhists, whose philosophy centres on eliminating the cravings that make us vulnerable to suffering. Remarking on his study of very wealthy Americans, researcher Robert Kenny observes:

> Sometimes I think that the only people in this country who worry more about money than the poor are the very wealthy. They worry about losing it, they worry about how it's invested, they worry about the effect it's going to have. And as the zeroes increase, the dilemmas get bigger.

Affluence is a double-edged sword: it can buffer us from many ills and sate some of our wants. Yet it also tends to increase those wants and creates new vulnerabilities. It may indeed leave some people feeling *less* secure. One feature of the modern consumer economy aims precisely at making that happen: the point of much advertising is to sow dissatisfaction, making people want what they didn't want before.

A second major form of security is *social*: feeling secure in one's relationships and standing in the community. Given how profoundly social human beings are—see 'Relationships', below—this form of security is particularly important.

Third is what we might call *project* security: feeling secure in the prospects for success in one's major projects. By projects I mean commitments or goals with which you identify: they form part of your identity or sense of self. A career or vocation can be a project, as can being a good parent, or finding a cure for some disease. You can succeed or fail in your projects, and the fear of failing can be a potent source of unhappiness. Because you identify with your projects, your self-esteem depends on how you do in them. When you fail, it can feel as though *you* are a failure. This is a pretty terrible feeling, as is the anxiety that comes with merely suspecting that you might fail.

One of life's choices, for those of us privileged enough to have such choices, is how far to stake our fortunes on the pursuit of risky projects. Starting a business, for instance. Such projects are often highly rewarding, meaningful, and worthwhile. But the pursuit of high achievement also tends to bring greater project insecurity: worry, anxiety, and frustration. There's a tradeoff to be made, and no single 'best' way to resolve it.

The least obvious form of security is *time* security: feeling that you have sufficient time to do what you need to do. The lack of it, for the most part, is what we call being 'stressed'. People who lack time security to the extent of being chronically stressed probably tend not to be happy. This is both because being stressed diminishes happiness in itself, and because it tends to ripple through our psyches, leaving us irritable, anxious, oblivious to the good things around us, and generally stripping the texture and pleasure from our lives. While a little stress can be a good thing, 'stressed' and 'happy' do not readily combine.

But again, there are interesting nuances. Some people take great satisfaction from fast-paced lifestyles, having barely enough time to get everything done. A chef might be like this, and her daily routine may be something of a dance. On good days everything gets done, and done well, but only *just*. This can be invigorating, but it is not—save on bad days—stressful. Needless to say, such a lifestyle is hard to pull off without a lot of stressful days. Again, it is a question of tradeoffs.

Security is good for happiness, but more is not always better. Too much security can make us complacent, lazy, soft, and weak, stunting personal development. A coddled, risk-free childhood can be a recipe for an unhappy adult, unable or unwilling to persevere through hard times and unequipped to handle the uncertainties, dangers, frustrations, and setbacks of everyday life. Result: 'boomerang' and 'failure to launch' kids who require parental care well into adulthood, gratuitous divorces between overgrown children, vocational dilettantism...

I trust these worries are familiar to many readers today. Here in the United States, many children are kept largely indoors under close adult supervision, with few opportunities for spontaneous or self-managed play with other children. The 'nightmare' scenario that seems chiefly to motivate such extreme measures is a stranger kidnapping the child, whose parents will never see her alive again. Since you can't be too careful, some parents purchase dental 'toothprinting' services to ease the future identification of their (now rather alarmed) child's mangled or charred remains. A US Department of Justice assessment of this seemingly ubiquitous horror found that it occurred 51 times over the course of a year, in a nation of 300 million. That's 51 times too many, but also roughly the same number killed by bees, wasps, and hornets. A risk of approximately zero.

One does not often hear parents say, 'I would never let my child run around the neighbourhood; bees might get him.' For comparison, horses claim an estimated 219 lives a year in the United States. Another 17,000 lives are lost from falling down, and 36,000 expire from the flu. One way to promote happiness is to take a rational approach to risk.

Outlook

'Happiness is a choice. It's all about your attitude.' This is probably the most oft-heard advice oft-heard about the pursuit of happiness, at least in my neck of the woods. Similar claims pepper the self-help literature. There is a good point being made here. But taken literally, such claims are nonsense. A typical depressed person can no more will himself into happiness than he can sprout wings and fly. Admonishing him that he can perfectly well be happy if only he so chooses is foolish and cruel. It is rather like telling a cancer victim it must be her fault she's dying, because people with a good attitude stay healthy. Happiness is not a choice.

Yet the hyperbole does not arise out of thin air: our outlook does play a large role in determining how happy we are. And we do have substantial control over our attitudes, even if not as much as the merchants of cheap sunshine would have us suppose. True, if your temperamental starting point is dour Eeyore, then the perkiness of Tigger is not going to be a realistic aspiration for you. And if you live in Manhattan, you may have a hard time managing a laid-back New Orleans demeanour. But within broad limits we can do much to alter our outlook in ways that leave us happier.

The Stoics believed that well-being is entirely within the individual's control, depending wholly on your character. Socrates held this view as well, arguing that the many cannot hurt us, even by torturing and killing us, so long as we retain our virtue. What matters is not what happens to you, but how you respond to it. And the true sage, according to the Stoics, would remain unperturbed no matter what happens. Socrates himself is actually a pretty good example here. Similarly, Buddhists believe we have it in our power to achieve happiness by rooting out craving, the source of suffering.

But happiness, in these views, is not something you simply choose, like a pair of shoes. Rather, it is a *skill* you must cultivate through years of effort. None of these thinkers holds the crazy view that anyone can just pick up a book and bootstrap herself into happiness. There are enough unhappy Buddhists in the world to make clear how nontrivial the task is.

But with the right effort, we can develop an extraordinary degree of control over our internal states. Matthieu Ricard, pictured in Chapter 2, refers to the discipline of meditation as 'mind training'. Reporters dubbed him, with characteristic exaggeration, 'the world's happiest man' after a study found remarkably 'happy' patterns of brain activity. In a number of studies, Ricard has displayed exceptional powers of self-awareness and control. He describes and recounts emotional experiences with uncanny detail and accuracy when checked against his physical responses. In one study researchers subjected him to a loud noise like a gunshot while meditating. He showed little of the normal startle response. This is not normally thought to be the sort of thing a person can control. As Ricard described the experience, 'I was not actively trying to control the startle, but the detonation seemed weaker, as if I were hearing it from a distance.' A study of other meditators found them capable of raising the temperature in their fingers and toes by more than 17 degrees Fahrenheit. Such individuals can tolerate remarkably cold temperatures without evident discomfort—as in, sleeping on a Himalayan ledge at zero degrees Fahrenheit wearing nothing but a shawl.

One doesn't have to be a Buddhist to learn something from mind training techniques. As I write, I am on a plane headed home from a draining trip. Seated behind me are two children, 6–8 years old, and their mother. The kids are not exactly quiet, and the lameness of their mother's pleas for them to pipe down is not terribly relaxing either. I am incensed. And then, taking a lesson from Ricard, I turn my attention from the scene behind me to my reaction to it. Why am I getting mad? Is my anger helping anything? Is it reasonable to expect perfect children, or perfect parenting? I don't need to answer these questions; simply attending to them causes the emotion to dissipate. I relax and my attention returns to my work.

Then the man in front of me slams his seat into full recline, crushing my kneecaps. Repeat cycle, as needed.

What sort of outlook tends to promote happiness? There's no obvious candidate for 'best' outlook; each has its pros and cons, and works for different people. As well, 'outlook' covers a lot of ground: for example, how we tend to perceive, interpret, explain, evaluate, and respond to things, and what we value.

Two approaches tend to dominate discussions of outlook and happiness: *positivity* and *acceptance*. Positivity is pretty self-explanatory: focusing on the positives, savouring life's little pleasures, being optimistic and grateful, counting one's blessings, etc. Seeing the humour in things, letting oneself be silly or ridiculous.

Acceptance roughly means not getting bent out of shape when things don't go your way: accepting things as they are, and not demanding that they fit your agenda. Keeping expectations modest. This can sound defeatist to some, but that's not the idea: you can have this outlook and still have high hopes, and still work hard to make things better. (Ricard is not exactly a slacker.) But you'll more easily shrug it off and move on when things aren't the way you'd like them to be. You won't be as needy as the person with outsized expectations. And you might be better poised to appreciate the good things in life, instead of seeing them through the lens of your appetites.

A third kind of outlook with important benefits for happiness is *caring for others*. Research indicates that people who care more about others tend to be happier. This is partly because being happy tends to make people more sociable and concerned about others, but there is also a strong effect in the other direction. Helping others is well-known to be a potent happiness booster. Psychologist Michael Argyle reports that among leisure activities, only dancing generated higher 'levels of joy' than volunteer and charity work. Other studies find that people get more happiness from spending money on others than using it themselves. To caring I would want to add moral concern more generally, including a strong sense of moral integrity: being honest and keeping promises, for instance. There does not seem to be much scientific research on the question, but philosophers have long pressed the idea.

9. Man giving his shoes to a homeless girl in Rio de Janeiro

The ancient hedonist Epicurus, for instance, claimed pleasure is our sole end in life, yet firmly counselled being just and otherwise virtuous: it is essential, he thought, for peace of mind.

The final kind of outlook has to do with the motives that drive your work and other activities. Having materialistic values, for instance, tends not to make us happier. Studies find that people who place a higher value on money, possessions, and status tend to be less happy. Those with less materialistic values tend to be significantly happier. More broadly, people driven primarily by external rewards like wealth or status tend to be less happy than those who see their pursuits as intrinsically worthwhile, doing them for their own sake. Researchers call the latter *intrinsic motivation*, the former extrinsic motivation. In the workplace, workers who see their job merely as a paycheck or a career take up the instrumental attitude toward their work: just a means to getting something else (money, promotion...). And they tend to have much less satisfying work experiences than those who see their work as a 'calling'. (Usually I prefer less grandiose terms like 'vocation' or 'trade'.) The difference isn't in the job itself but in the worker's attitude: janitors and trash collectors can adopt the calling orientation and see their work as intrinsically meaningful and fulfilling.

Notice that you can be rich, or have materialistic desires, without having particularly materialistic *values* or priorities. The question is what you really care about, and poorer people are often more materialistic than the rich. You can perfectly well enjoy shopping and dreaming of expensive purchases without actually caring whether you get those things. As a child, I eagerly awaited the arrival of the Sears and J. C. Penney Christmas catalogues each year. But it never occurred to me to think it mattered very much whether I got their contents, which I usually did not.

Summing up, at least four kinds of outlook seem to be especially productive of happiness:

1. Positivity
2. Acceptance
3. Caring for others
4. Intrinsic motivation

Outlook shapes happiness at the cultural level as well. People in the United States clearly get a happiness bonus from the powerful streak of optimism, cheerfulness, and friendliness that runs through the culture. Latin American countries like Venezuela, Colombia, Panama, Costa Rica, and Mexico appear to boast remarkably high levels of happiness, all the more so given their modest material holdings. They consistently rank at or near the top of international happiness studies. One reason seems to be the relatively strong family and community ties in these nations. But a good deal of the impact seems to be cultural: Latino cultures tend to emphasize the enjoyment of life—celebrating, slowing down, hanging out, and rolling with the punches. Colombians have a saying, when frustration strikes during one's travels, as when the car breaks down: 'Todo es parte del paseo.' It's all part of the ride.

Once, while living in Tucson, my wife and I were wandering a desolate stretch of town at dusk, baby in tow, trying in vain to find a restaurant. We were bickering mildly about how to proceed. A homeless Latino man approached. He didn't want a handout. He wanted to administer a scolding. 'What's wrong with you? You have a beautiful family. Look at all you have. You should be happy!' Coming from a homeless man, this was a little humbling. But he was right.

Autonomy

> I concealed my departure because it was embarrassing for a Maasai warrior to run away from home in search of employment.... The Maasai would say he went looking for servitude.
>
> Tepilit Ole Saitoti

If you have lived with a small child, then you know how profound the human urge is to do things for oneself, and make one's own decisions. 'I want to open the door myself!' The drive for autonomy runs deep in human nature, and a sense of control over one's life is an important source of happiness. People who feel able to make their own decisions, without being under another's thumb, tend to be significantly happier. And perhaps even healthier as a result: nursing home residents have been found to be happier, healthier, and live significantly longer if given even a modicum of autonomy. For instance, being in charge of plants in their room rather than having them cared for by the staff.

Freedom, in short, is a major source of happiness. But some kinds of freedom are more important than others, and more freedom isn't always better. The kind of freedom we are talking about here, *autonomy*, has to do with self-determination. Autonomy, in this sense, is about whether the individual is in charge of her affairs. It is freedom from coercion, meddling, and being subject to another's will.

Running a small business, for instance, is risky, hard work, yet small business owners often report high levels of happiness: not having a boss ordering you around is highly appealing. In fact this is a tremendous shortcoming of the wage economy, easily lost on us because of its ubiquity: to be an employee is to be subject to another's whims. It used to be called 'wage slavery', and some people still regard it that way.

Autonomy should not be confused with another kind of freedom, *option freedom*. This is the freedom of having a range of options to choose from. Is this important for happiness? The evidence is mixed, though people with greater option freedom do seem, on average, to be happier. The impact of money, discussed later, is the clearest case: money essentially benefits us by giving us more options.

Now clearly people do not need lots of options to be happy: hunter-gatherers have few options in life, but at least some of them like the ones they have and manage to be quite happy. Still, option freedom can allow an exit from bad situations and make it easier to obtain things that make us happier. Many people, myself included, pursue rewarding occupations that would have been closed to them in a traditional community or totalitarian state, where one has little choice but to work in a certain factory or tend the family farm, whether one likes it or not.

As well, simply having options can yield a liberating and pleasant sense of possibility. For example, the demand for cars in China and many other places is fierce, probably due in no small part to the simple feeling of freedom they can give us. The vision of rolling down an open highway into the sunset is, for many people, profoundly attractive.

On the other hand, option freedom comes with a price. Obviously, your odds of making a mistake go up. But choosing among more options is also harder work, and can be anxiety-provoking. Sometimes people respond by avoiding the choice altogether (decision avoidance). Bad outcomes become less a matter of blind luck, to be shrugged off, and more an occasion for regret and self-reproach. And options can weaken commitment and contentedness, making our relationships, possessions, and projects seem more contingent and dispensable. One reason for the rise in divorce rates, for instance, is almost certainly rising discontent owing to greater perceptions of viable alternatives to one's spouse. (Think about it this way: if you were stuck on a desert island with someone, you'd probably figure out how to get along.) Barry Schwartz, the leading researcher on the costs of choice, entitled a review of the literature on these effects 'The Tyranny of Freedom', and a recent book *The Paradox of Choice*.

Autonomy is often derided as a narrowly Western, individualistic ideal unsuited to many cultures. Such complaints seem unlikely to impress the legions of Egyptians, Tunisians, Libyans, Syrians, Yemenis, and others who have risked life and limb in the Arab Spring uprisings. Ideals of self-determination have spread across the globe for good reason: human beings do not generally like being pushed around.

The critics correctly note that Western-style individualism has little purchase in many parts of the world. In more communal or 'collectivist' cultures like those in Asia, Africa, and Latin America, people identify themselves more strongly with their families and communities, place more stock in fulfilling social roles and expectations, and have less concern for privacy and self-gratification. This strongly affects what they *want* to do, and it does mean that people give greater weight to the attitudes and interests of others in their decisions. In fact your life is not entirely your own, but is intertwined with the lives of others. In some 'big picture' matters, as in whom to marry, you might have little choice. Still, you may have control over a large part of your life. For example, being in charge of your daily routines may matter more for happiness than the big-ticket items simply because they are always before you, always foreground. Even in areas where you lack complete control, you can be autonomous in the sense that you act for reasons you endorse; you don't feel coerced by your parents, say.

At any rate not all communal cultures are coercive. In fact some have strong taboos against anyone telling another person what to do. Parts of Southeast Asia are said to be like this, for instance, as are many hunter-gatherer societies. In such places people may be strongly autonomous, yet in a non-individualistic way: living as they freely choose, but giving more weight to communal concerns than individualists do. In the most recent World Values Survey, people in 57 countries were asked to rate 'how much freedom of choice and control' they feel they have over the way their lives turn out. In general, answers to questions like this are among the better predictors of happiness and satisfaction. As expected, Americans did pretty well on this metric. But the strongest sense of personal freedom and control was actually reported by the 'collectivist', and not especially rich, Mexicans and Colombians.

Relationships

'All you need is love', the Beatles told us, and they weren't too far off the mark. To say that relationships matter for human happiness is like saying water matters for fish. Of all the things that matter for happiness, relationships are probably the one thing we most need to get right: family, friends, and community.

Relationships most plainly benefit us by allowing us the pleasures of each other's company. Talking and doing things together are potent sources of happiness. Studies that track how people feel during different activities find that people—introverts included—experience more positive emotions when in the company of others. Socializing consistently ranks as one of the most pleasant activities.

Naturally, close relationships are important. In a study of highly happy individuals, every one of the subjects turned out to have very strong relationships. Psychologists Ed Diener and Robert Biswas-Diener sum it up nicely: 'the close relationships that produce the most happiness are those characterized by mutual understanding, caring, and validation of the other person as worthwhile'. Inside and outside of close relationships, being treated with respect is important, as is having the esteem of those whose judgment matters to us.

These are pretty mundane points, yet easily forgotten or misunderstood. My father was mainly raised by his grandmother, and one of his most vivid recollections of her parenting style was simply that she paid attention: if her grandson came to her with something to say, 'Mom' would drop what she was doing, lower her glasses, and give him her full attention. That simple gesture demonstrated his worth to her, and boosted his own sense of self-worth, more than any heap of toys could.

One of the better signs of friendship and community is trust. To have a confidant, for example, is to have someone you trust with your most private and important thoughts and concerns. If the people in a neighbourhood trust each other enough to feel comfortable poking gentle fun at a bad haircut, then they probably form a community in the fullest sense of the word. Unsurprisingly, measures of trust correlate pretty well with measured happiness. Trust is so important because it provides a sense of security: we feel accepted, loved, and protected, with a network of people willing to sacrifice their interests for us. Having that kind of security is a crucial buffer against adversity, a safety net that is hard to live without. Ideally, we will spend most of our time among people who provide that sense of security.

This can be hard to do in many societies. Employment in bureaucratic organizations like corporations or government agencies can be pretty depersonalized even if in some sense highly 'social': you may spend most of your days in the company of people whose interest in you is primarily self-directed, and who you don't particularly trust. For most of human history, children seem to have spent the vast majority of their time surrounded by people who love them unconditionally. Today, most children in industrialized nations spend the bulk of their weekdays in institutional settings among hired caregivers whose affection, distributed among 10, 20, or more children, is largely contingent.

In the United States, for example, it is not unusual even for 5-year-olds to find themselves ostracized by the community for ordinary behavioural problems, with no refuge outside the immediate family, if they even have that. (I have witnessed this several times in affluent American communities. In each case, the effects on the child ranged from inflammatory to devastating.) Opportunities for playing with other children outside of school are often mediated by parents, who set up the necessary appointments for 'play dates'. The parents, of course, are unlikely to invite this child to their homes. In that event the child has little chance to develop friendships or to learn from a community of peers how to negotiate the social world. He just gets punished and shoved aside. It does not take a peer-reviewed study to figure out what this does for a child's happiness.

A strong community not only provides a sense of security; it makes many things easier and lessens the need for money. Fewer expenses for child care and entertainment, for example. A nice television is less important if you have someone to talk to. If something breaks, a neighbour might help you fix it. In the process you both get a social occasion and the pleasures of giving and receiving, perhaps benefiting more than if you'd had the money to just buy a replacement.

Skilled and meaningful activity

Perhaps the two most important facts about human nature, from the perspective of happiness, are these: we are *social* creatures, and we are *agents*. Lovers, and doers. We've covered the 'social' bit, so now let's turn to the agency part of the equation. In general, people are happiest leading active lives—doing, and not just having or passively consuming. Watching television, for instance, rates as a modestly pleasant activity, but closer to the pleasantness of a nap than of hanging out with friends and family. And it seems to have little impact on happiness.

Activity matters, but not just any kind of activity. Passing one's days performing a mindless, pointless, repetitive task is no one's idea of happiness. The basic structure of happiness-making activity was recognized long ago, by Aristotle. For Aristotle, the most pleasant life is a life of virtuous or excellent activity. He basically means the exercise of our capacities through worthwhile activities done well. Well-being, on his view, is not a state we achieve but, more or less, something we *do*: the activity itself constitutes our flourishing. And to live in this way brings the fullest happiness we can achieve.

The research seems to bear him out on this. The activities most productive of happiness appear roughly to have two features, each implicit in Aristotle's view: they are *skilled* and *meaningful*. The state of flow, for instance, is a peak form of happiness that tends to arise when doing something well, particularly a challenging activity that pushes one's skills to the limit. Playing an instrument or a sport well, for instance. At one point, Aristotle literally defines pleasure as 'unimpeded activity'. Not only are people happier while experiencing flow, but having frequent experiences of this sort appears to boost happiness generally, even when not doing the activity. To the extent that money correlates with happiness, a major reason may be that better-paying jobs are more likely to involve regular experiences of flow, and otherwise give people the opportunity to exercise their capacities.

But the exercise of skill alone may have little impact on happiness if you don't see the activity as worthwhile or meaningful. An attorney expertly arguing a dishonest case for a deplorable client might have flow experiences while doing it, but be left deflated and depressed at the end of it all. Playing video games can provide flow but usually isn't very fulfilling, even if flow normally entails at least some sense of meaning due to the exercise of skill.

Meaning is so important that I devote a large portion of Chapter 7 to it. There I will suggest that the most meaningful activities involve *appreciative engagement*, or connection, with people and things that matter. And emotional fulfilment might arise only through this sort of activity: a fulfilling life probably requires appreciative engagement with people and things that seem to you to matter.

Nature and other sources of happiness

Our list of the causes of happiness could be longer. Other things commonly cited as major causes of happiness include religion, not being unemployed, achieving goals, good government, self-esteem, etc. Most of these items probably contribute to happiness primarily through the five channels in the SOARS model.

Think of a childhood experience—whatever first comes to mind. Does it involve being with other people, or out in nature? I once found myself in a fairly diverse group of about a dozen people who were asked to describe one childhood memory. Except for one individual who recalled a bad event, every single story involved a nature experience. Loved ones also featured in most of them.

Contact with the natural world may be a further item to add to the SOARS model. A fast-growing body of literature indicates that contact with nature has a remarkably powerful impact on human happiness and health. Simply having a view of trees or other natural scenery may help sick people recover faster. Immersion in natural environments is both calming and revitalizing, and significantly improves attention. Indeed it appears to be effective in treating attention deficit disorder. Contact with nature confers a wide range of benefits, and may be a significant human need. (Some of my urbanite friends recoil at such claims, but I suspect one reason cities are so appealing is that they offer a highly stimulating sensory experience—closer to the richness of a natural environment than, say, a featureless suburb.)

I leave nature off the list because we lack the data to confirm that the gains are powerful and distinct enough to warrant inclusion. But for those who have spent much time living close to the land, the profound disconnect between daily life and the natural world in many places today is liable to seem a bit insane. As if we were born in the Louvre, but chose to live in the broom closet.

Money: the cost of happiness

As I noted at the start of this chapter, there is no fixed amount of 'importance' of money for human happiness. Even if money were really important for happiness at all incomes today, it wouldn't follow that we should strive for more money. Maybe we should. Or maybe we should try to change our economic arrangements or personal priorities, in turn changing the role of material wealth in our lives. Maybe we should try to make money less important to us.

The point is not that money is a bad thing. On the contrary. It's that we shouldn't underestimate our options. Findings about the money–happiness relationship don't settle what we should do: we can accept that relationship and pursue happiness accordingly. Or we can *change* that relationship: we can decide, to some extent, how important to make money for happiness. The cost of happiness is not fixed.

Writer James Martin, for example, abandoned a lucrative but gruelling career at GE and took a vow of poverty, becoming a much happier Jesuit priest. In so doing, he radically changed the importance of money in his life. His choice obviously isn't for everyone, but it illustrates the kind of control we have in this matter.

That said, we do have many studies on the relationship between money and happiness in the world as it is today. In a nutshell, the message is this: for the poorer members of a country, money seems to have a fairly strong impact on happiness. But above a certain point, the relationship is quite weak. In the United States, happiness and income show a pretty substantial link until about $75,000 household income, above which the lines for emotional well-being go more or less flat: on average, the impact above that point is roughly zero. (See Figure 10.) In places with a lower cost of living, the point of negligible returns may be lower. A study in Monterrey, Mexico found no increase in self-reported happiness for a family of four above an income of just $4,000 a year. Looking worldwide, the relationship between income and happiness appears generally to be weak. This may be partly because poorer people tend to live in poorer countries, where it takes less income to meet basic needs.

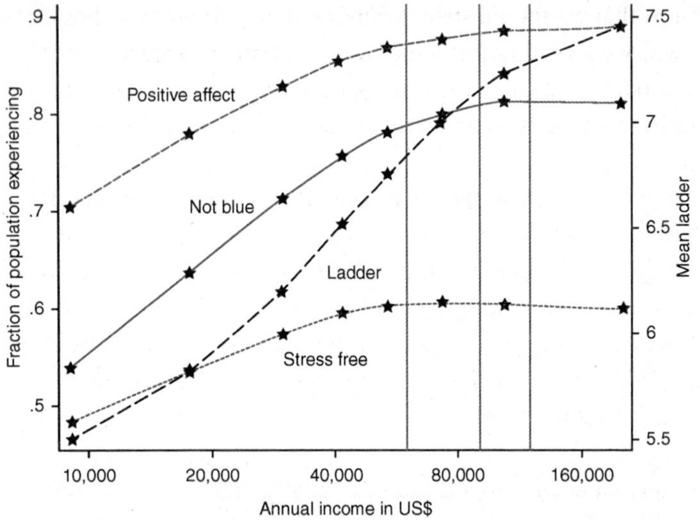

10. Happiness and life satisfaction ('ladder') in the United States

Income and *life satisfaction*, by contrast, seem more strongly related, even for wealthier people. (This result, note, is often put in terms of 'happiness'.) In general, people with more money tend to report higher life satisfaction. To some extent, this probably reflects the role of money in helping people get the things they care about. Money can do things for us even if it doesn't make us happier: get our children a better education, or keep us more secure against unexpected calamities.

But it is possible that life satisfaction measures artificially inflate the money–satisfaction link, for reasons related to the problems raised in Chapter 4. For instance, richer people may tend to be more positive-thinking, reporting higher satisfaction even when not getting more of what they care about. As well, people might tend to focus more on material priorities than other important values like family and friends when answering life satisfaction questions, because their everyday concerns focus more on things like paying the bills than having friends.

A further point is that richer people often enjoy many advantages besides spending power, like greater autonomy, better government, and stronger social support. Denmark, for instance, is a wealthy country that also happens to be one of the world's happiest countries; but it also scores very highly in other areas known to be important for life satisfaction and happiness. Once you control for those other factors, the relation between money and life satisfaction becomes much weaker.

Money is clearly important for most of us. But it seems to be a lot less important than many people would have guessed. Let me close with a brief illustration of one reason the relationship might be so modest. One of the happier places I've known is a remote village of fewer than 1,000 residents that, while not poor, also does not have a lot of money to throw around. Beyond a few small stores, the nearest shopping is a couple of hours away. Mail is not delivered to your home, so you have to go to the post office to pick it up. These are inconveniences, yes, but they also bring great advantages: the post office and general store are social hubs where you'd best have a lot of time to spare, as you might easily pass an hour catching up with some neighbours. The difficulty of buying things means people rely on each other for help getting things done, again building relationships. And when an old friend turned another year older, several hundred people—a large fraction of the village—threw her a surprise birthday party. It may be no coincidence that so many residents seem to reach a very advanced age, sticking around for a *lot* of birthdays.

Conclusion

The findings we've been discussing have a couple of interesting upshots. First, happiness doesn't require a whole lot: human needs are pretty simple and commonsensical, and we might do well not to get too fancy in the pursuit of happiness. Stick to the basics, and you can do pretty well.

Second, the pursuit of happiness can't be just an individual matter. The *context* in which you live is also a large part of the story. Your relationships depend a lot on where and with whom you live, as do your opportunities for meaningful and engaging work, your ability to live as you choose, your sense of security and ability to relax and enjoy life, and even your outlook. Yes, you have a lot of choice over these things. But they also aren't totally up to you. To a great extent they are things we have to pursue together, by building better communities and a better society.

Chapter 6
Beyond happiness: well-being

> Tell me now whether a man who has an itch and scratches it and can scratch to his heart's content, scratch his whole life long, can also live happily.
>
> Socrates, in Plato, *Gorgias*

The need for more than happiness: 3 cases

'I just want my kids to be happy.' 'As long as she's happy, that's all that matters.' People often say things like these. Are they right? Is happiness the only thing that matters? We can understand how people might be tempted to speak this way: as a general rule, happy people probably tend to be faring well; unhappy people, badly. How happy we are is central to the quality of our lives. But it probably isn't the only thing that matters, or even the most important. From here on out, we will be looking at how happiness fits into a good life.

We begin with this question: what ultimately benefits a person? What is it to thrive or flourish? In short: *what is the nature of well-being?* The notion of well-being should not be confused with the concept of happiness, or 'emotional' well-being. That is a purely psychological notion, just like the concepts of pleasure, depression, or anxiety. Well-being, by contrast, is ultimately a matter of *value*: what is good for us? What sorts of lives should we wish for our children, for their sake?

There are several reasons to doubt that happiness could be the only thing that ultimately benefits us. Well-being seems to require more than just being happy. To see why, consider three problem cases.

Deception

Imagine yourself living sometime in the future, in a world of amazing technology. Scientists have invented an extremely sophisticated 'experience machine' that can simulate any reality you desire. Do you want to be Paul McCartney? Jane Austen? How about a walk on Mars? No problem: the machine can make you believe you're really doing these things, and really are these people. Indeed, life in the experience machine is indistinguishable to you from life in reality. Once plugged in, you will have no idea it's merely a simulation. By now experience machines have become supremely reliable, and you have the opportunity to connect to one. Not just for an evening, but for the rest of your life. Life from that point on will be as pleasant and satisfying as you wish.

Would you plug in? Most people say they would not. In a new study spanning ten countries around the world, majorities in every nation rejected the idea of plugging into the machine. In most countries the rejection rate was higher than 80 per cent. Indeed, people tend to find the idea appalling, recalling dystopian fantasies like *The Matrix* or *The Truman Show*. Or, more realistically, persons blissfully ignorant of their spouses' or friends' treachery. These are not people we envy.

Apparently, most people care about things other than their states of mind. They seem to want actually to succeed in their goals, really to achieve things, truly to do things, and genuinely to have loving friends and families. They want to be happy, but they want their happiness to be grounded in reality. Better, and better off, to be less happy and lead a real life.

Philosopher Robert Nozick first proposed the experience machine example, which I've tweaked a bit here, in 1974. It has been hugely influential, and is widely taken to show that neither happiness nor any other state of mind can be the sole measure of human well-being.

Impoverishment

Socrates, in Plato's *Gorgias*, has us imagine a decidedly untextured life: someone who is content to do nothing but scratch an itch.

11. A baby starting life in its 'experience machine' pod, *The Matrix*

That's the sum total of his life. Is this an enviable existence? Rawls gives a similar example of a grass-counter, happy to do nothing but count blades of grass all day long. Most people find such lives unappealing, if not downright depressing. There's not much to such flat, featureless, one-dimensional lives. It seems better to lead a life rich with varied activities and experiences. To be able to say you really *lived*.

Similarly, few of us really aspire to be 'couch potatoes', squandering our precious minutes of life on solitary, cheap entertainments, while not actually doing much. Imagine a slob who passes his life alone in a filthy basement doing nothing but watching television and playing video games, living off his inheritance. This is the passive life of rank pleasure-seeking Aristotle dismissed as fit only for 'dumb grazing animals'. Homer's lotus eaters, who laze about all day whacked out on narcotic drugs, raise the same concern. Contemporary films like *Wall-E* and *Idiocracy* depict further variations on the theme. Few parents, I suspect, would wish such lives for their children.

Perhaps scratchers and couch potatoes seem so unappealing because we value personal development, or self-actualization. It seems important to develop and exercise our capacities. Notice how the popular ideal of 'flourishing' suggests the full flowering of one's human powers. The scratcher, the couch potato, and the lotus eater can seem to be squandering their potential, however pleasantly they spend their days. In such cases the individual's life appears to be stunted or *impoverished*.

Deprivation

There is a young woman, 20 years of age, who looks like a baby of about that many months. The woman, Brooke Greenberg, has an extremely rare disorder called Syndrome X, which appears to stop intellectual and physical development beyond the toddler stage. Yet there's no reason to think that she couldn't be pretty happy.

She appears to have a lovely, loving family that cherishes her, enjoys her company, and regards her as a great blessing just as she is. Perhaps, in periods where Ms Greenberg is happy, we should say she is doing well, with a high level of well-being. Still, it is hard to escape the feeling that someone who never reaches maturity is missing out on certain elements of a normal, full life. It seems that there's *something* to be regretted.

We need to be cautious here. I am not saying that a disability makes a person or a life any less valuable. Nor that she can't do well, indeed flourish. Still less that we should feel sorry for her. Those of us with friends and relatives who have disabilities, or who have disabilities themselves, know how irritating and condescending pity can be. In some ways a disability can enrich a person's or a family's life. It often brings out the best in people, making us better and more focused on the things that really matter, than we would otherwise be.

But it is also silly and patronizing to insist that there's no downside *at all* to most disabilities. In cases like Syndrome X and certain other disabilities like blindness, it can seem as though one is *missing out* on something, deprived of one of the elements of a full life. Of course the point does not just apply to disabilities. We can have the same concern for someone who dies young, never experiences the pleasures of sexual intimacy, or, like Pop Bickham, spends whole passages of life in prison, never able to watch his children grow up. Many feel that such a deprivation is an irreplaceable loss. Not least, many such individuals themselves. A priest or monk who takes a vow of celibacy, for instance, may lead a rich and fulfilling life. Perhaps he gains more in other goods than he loses. But he may yet see it as a sacrifice, giving up an important aspect of human life in order to achieve other values. From his own perspective he misses out on something, and no amount of other goods can wholly erase the sacrifice.

So however well-off a person may be on the whole, there still seems to be something to regret, an irreplaceable loss, if she fails to enjoy one of the cherished elements of an ordinary life. It may be important, not just to be happy, but to lead a *full life*, missing out on nothing. (Note that a deprivation does not mean you can't lead a 'full life' at all. Leading a full life, like many things, comes in degrees. Even if priestly celibacy involves a deprivation, many priests still lead full lives.)

Not everyone finds these three cases persuasive. Some people react differently to them, and most theories of well-being, including my own, run afoul of at least one of these cases. Sometimes our intuitive reactions to things are just mistaken. So we must take these cases with a grain of salt. That said, many people find them pretty compelling.

What ultimately benefits a person?

Introducing Aristotle

In Western thinking about human well-being, no figure outside of religion looms larger than the Greek philosopher Aristotle. His views remain popular today. This is a bit surprising, since his outlook on well-being was decidedly un-modern. According to Aristotle, well-being, or *eudaimonia*, can be given a rather striking definition: it is a complete life of virtuous activity. Virtue for Aristotle is not simply moral virtue, as we tend to think of it today, but human excellence generally. It includes not only obvious virtues like justice and bravery, but prosaic talents like being able to tell a good joke, or carrying yourself with dignity. In today's terms, 'excellence' probably works better than 'virtue'. But bear in mind that we are talking about *human* excellence: displaying the excellences characteristic of human beings. His standard of virtue was not subjective, but rooted in universals of human nature. Excellence in collecting bottle caps or selling shady investments would not cut it.

Notice that Aristotle did not simply identify the good life with having a virtuous or excellent character: you could slumber through life, like Sleeping Beauty, with a good character. And who needs that? A good life, rather, consists in excellent *activity*: it is more something you do than a state you try to attain.

To illustrate: poverty doesn't rule out being virtuous, but it can get in the way of exercising human excellence. When your best option is to spend 90-hour weeks doing monotonous sweatshop labour, your opportunities to spread your wings and fully exercise your capacities are few and far between. Poverty is bad, for Aristotle, because it so sharply limits your functioning. In the worst cases, it can leave you unable to live much like a human at all, reducing you to the condition of an animal scrounging merely to survive.

You can, I hope, see the attractions of Aristotelian thinking at this point. What a 'life of virtuous activity' really means is fully exercising your human capacities, actively pursuing a rich, full life. Such a life is deeply fulfilling too: the most pleasant life a person can lead. Many people find this sort of idea highly appealing when they think about it, and contemporary culture is rife with variations on the theme, for instance in exhortations to 'be all you can be'.

The general theme is that what's good for us is to fulfil our natures: *nature-fulfilment*. There are different ways of understanding nature-fulfilment, but Aristotle's is the best-known. The ideal of nature-fulfilment was widespread among ancient Greeks who wrote about *eudaimonia*. Accordingly, we might call such views of well-being 'eudaimonistic' theories. This family of views has become fairly popular among psychologists lately, giving rise to a movement of 'eudaimonic' psychology.

One of the great virtues of Aristotle's approach to well-being is that it seems to give an attractive explanation of our intuitions about all three cases discussed above: deception, impoverishment, and deprivation. In the experience machine, you aren't really doing anything at all. The scratcher is pretty much the opposite of the Aristotelian ideal. And some disabilities deprive individuals of important elements of a full human life.

For all its virtues, Aristotle's theory of well-being remains deeply controversial. Some don't like its objectivism: Aristotle thinks there are objective facts about what's good for you, and they don't depend entirely on what you like or care about. Many reject this idea, holding that well-being must be subjective. A deeper problem, I think, is that Aristotelian accounts apply an *external* standard of well-being to individuals: what's good for you is to lead a characteristically human life. Similarly, what's good for a bull is to lead a characteristically bovine life, doing what bulls do. But why should your well-being depend on facts about what species you belong to? Take Ferdinand the bull, from the children's story (Figure 12). He's a bit of an oddball who doesn't want to fight or do other things normal bulls do. He'd rather smell the flowers. And why not? The whole point of the story is that it doesn't matter what's typical for members of your kind: all that matters is what *you're* like.

12. Ferdinand the bull

(The careful reader may have noticed that the 'Ferdinand' point does not sit easily with the 'Syndrome X' point: how can we say that Syndrome X deprives one of anything unless we apply an external standard, looking at human norms? On this score Aristotle's view better explains the Syndrome X case, while the approach I endorse later does better with the Ferdinand case.)

Another popular objection targets the Aristotelian claim that well-being is a matter of virtuous activity. But is it really? Genghis Khan was a rotten person who butchered millions and impregnated a rather disturbing proportion of our great, great .... great grandmothers. (One in 200 people alive today appear to be directly descended from him.) But why couldn't he have been happy, even flourishing? Given the human aptitude for killing, he might have been an *exemplar* of human thriving.

Virtue is extremely important, as we'll see in the next chapter. But many doubt Aristotle's view that virtue necessarily *benefits* us.

Theories of well-being

Where does this leave us? It will help to get a quick sense of what the options are. Probably the four most influential approaches to well-being are these:

1. Hedonism
2. Desire theories
3. List theories
4. Eudaimonistic ('nature-fulfilment') theories

We've already discussed the best-known eudaimonistic theory, Aristotle's. At the other end of the spectrum, *hedonists* claim that only pleasure is ultimately good for us. Such views ably capture the manifest importance of enjoyment and suffering in human life. But they also have trouble dealing with all three puzzles that started this chapter: deception, impoverishment, and deprivation.

Desire theories assert that what's good for you is getting what you want. This is a very popular view, especially among economists, since it seems to make you the authority about what's good for you. On the plus side, experience machines aren't a problem for desire theories, since you won't *actually* be getting what you want. You'll merely think you are. But desire theories have trouble explaining mistakes. Generally, it seems obvious that people often want things that aren't good for them, like desiring a date with someone who turns out to be a jerk, or wanting to be a lawyer. Nor can they say that there's any deficiency in the seemingly impoverished life of a scratcher, or a slave who embraces his servitude. Likewise in some cases of deprivation, where the person has no desire for the missing goods (as in Syndrome X).

List theories identify well-being with a list of objective goods. For example: knowledge, achievement, friendship, and pleasure. If you are lacking something on the list, then your well-being is compromised, even if you don't want or like it. List theories have the advantage that you can put whatever seems important on the list, making short work of most problem cases. They have the disadvantage that this can seem pretty arbitrary, and not very illuminating about the nature of well-being.

None of these objections is clearly decisive: all these views continue to have smart defenders. They either reject the intuitions we've been discussing, think the alternatives are even worse, or try to modify their account to deal with the intuitions. Desire theorists, for example, often claim that only informed and rational desires count. But the basic worries have not been decisively rebutted, and the modified theories have serious problems of their own.

Eudaimonism for moderns: self-fulfilment

Let's come back to the eudaimonistic approach. Perhaps we can find a theory that shares Aristotle's focus on fulfilling our natures, but isn't so strongly objectivist. In his justly famed essay on the value of individuality in *On Liberty*, British philosopher John Stuart Mill portrayed a more modern, individualized ideal, which we might call *self-fulfilment*: living in accordance with *who* you are—the self. On the ideal of self-fulfilment, well-being is a matter of your individual personality, however eccentric that might be.

What's normal for humans, on this view, is irrelevant for what's good for you, just as what's normal for bulls doesn't matter for Ferdinand's well-being. What matters is what you are like. Perhaps you were born gay; that's who you are. It shouldn't matter whether heterosexuality is the norm, or the characteristically human orientation. What counts is that individual's personality, and a gay person can thrive just as surely: by living in accordance with who he is, and so achieving self-fulfilment.

I won't try to offer a complete theory of self-fulfilment here, but philosopher L. W. Sumner may have pointed the way for happiness to figure in such a view: he defines well-being as *authentic happiness*. To be authentically happy, your happiness must be grounded in your life, and reflect who you truly are. Experience machine happiness isn't authentic, because it isn't genuinely rooted in your life. Also inauthentic is the happiness of 'happy slaves' and brainwashing victims, whose happiness reflects values that aren't genuinely their own.

The notion of authenticity may lie behind common worries about technologies for human enhancement, like 'morality pills' to make you nicer, or genetic engineering to make your children smarter: such manipulations might undermine authenticity. They might, for instance, make your actions or emotions less fully *yours*. This question could receive a lot of attention in coming decades.

Whatever else self-fulfilment involves, I would suggest it includes authentic happiness. Perhaps it also involves success in the things you care about—the values or commitments that shape your identity. Being a parent or physician, say, may be part of your identity. So you do well, in part, by succeeding in being a good parent or doctor.

Even this might not give us a complete theory of well-being, but it should be enough for us to see where happiness might fit into the larger picture. Whatever the right theory of well-being, happiness is clearly important for human flourishing.

Who's to say?

> Study: New Yorkers Unhappiest People in America (Because We Work Hard and Read Books, Unlike Lazy, Stupid Hicks)
>
> A recent headline in the *Village Voice*

The study in question did indeed suggest that people in Louisiana, and every other state, are happier than New Yorkers. Does that mean Louisianans are *better off*? Some will say yes, some no.

But no experiment can fully settle the matter, because this is a dispute about values. New Yorkers might value achievement more, while Louisianans may value enjoyment more. *Strivers* versus *enjoyers*; the ant and the grasshopper . A philosophical theory of well-being might be able to settle the question: if the right theory tells us that achievement is more important for well-being than enjoyment, then New Yorkers might stand vindicated: they are better off than the Louisianans.

But 'values' are pretty mysterious. Unlike electrons and elephants, nobody's quite sure what values are, where they come from, or whether they really exist at all. Why should we trust the opinions of philosophers spinning theories about them from the armchair? You might think there's no settling the New York/Louisiana debate. It's just a matter of opinion.

Here is a short answer, just to reduce the sceptic's fears and keep us on track: I will assume, for the purposes of this book, that values are entirely a product of the human mind. We project value onto the world. Things are actually good, bad, right, or wrong insofar as we would deem them to be so, under the right conditions.

I do not think there is a unique set of 'right' values, or that all reasonable people everywhere will fully converge on the same set of values. To some extent, the right answers will be relative to the population you're talking about. But there may yet be fairly sharp limits on the range of values that can hold up under reflection: *reflectively sustainable* values. And even if there are multiple right answers, there may be lots of unambiguously wrong answers.

For example: many people will tell you that only happiness matters. But even a moment's reflection on experience machine cases or scratchers tends to cause people to drop that opinion like a hot potato. This is some evidence that people are simply wrong to think that only happiness matters; even they don't believe it when they stop to think about it.

Or take moral opinions about the treatment of animals. Many Americans today hold something like the following constellation of opinions: eating pigs and cows from the typical supermarket is just fine; treating dogs and horses in the same manner is terribly immoral; and hunting deer is also wrong. I'm not sure what the right answers are about the ethics of meat-eating, though I am inclined to think that a diet including moderate amounts of meat from humanely treated animals is morally acceptable. Where I live, to blow Bambi's brains out with a .30-06 and gnaw on his bones is positively doing the environment, and people, a favour. It may in fact be the most humane and environmentally friendly meal you'll have all year. (Growing crops kills myriad small animals, and factory farmed meat from the supermarket is an environmental, health, and humanitarian nightmare.)

You might disagree with me. No matter: I challenge the reader to reconcile the initial set of opinions. There is, I submit, no non-crazy way to make them consistent. On this issue, many people's moral attitudes are an incoherent mash of maudlin sentimentality and feeble rationalization.

Philosophical reflection can do a lot of good in cases like these, helping us to clear out the cobwebs between our ears and think more clearly and intelligently about our values. Sometimes we will converge on a single answer, as happened in the modern era, when virtually all intelligent, reflective human beings came to accept ideals of human equality. Only in enclaves trapped in the Dark Ages do we find people still convinced that slavery is OK. So there are probably some universal values owing to our common human nature, even if not all values are universal. Where disagreement seems intractable, we may simply have to admit that there is more than one set of reflectively sustainable values. Maybe neither liberals nor conservatives are wrong; perhaps both represent solutions that reasonable people can take toward the complexities of life. But that hardly means that anything goes, like fascism.

In short, making value judgements does not require us to get into anything occult or mysterious. And we can allow lots of room for relativity and plurality without becoming rank subjectivists who think anything goes. We can still maintain that some ways of living are better than others.

Chapter 7

Getting outside oneself: virtue and meaning

'Must get lonely here, J.F.'

'Not really. I *make* friends. They're toys. My friends are toys. I make them. It's a hobby. I'm a genetic designer.'

Pris and J. F. Sebastian, *Blade Runner*

Two legacies

Sometime in 1889, my great-great-grandfather Jacob Tuteur disappeared. This was unfortunate timing, as his young wife was then pregnant with their son, Edward. No one is really certain what became of Jacob; perhaps he was murdered. More likely, he simply took off and abandoned his family. (There is some evidence he spent his last days, long after, in a Texas nursing home.) That, at any rate, is what Edward believed. His bitterness at the apparent betrayal, combined with many strokes of bad luck, ultimately left two people dead, another life ruined, and many others hurt. All told, Jacob Tuteur's disappearance left a trail of suffering that spanned at least four generations. As far as his known descendants can tell, that is his sole legacy, all that is left of the man. We know nothing else of him.

Another great-great-grandfather, Billy McClure, raised the woman who would become Edward's wife, Zada. She in turn did the lion's share of bringing up my father. Billy was a self-educated man of considerable erudition, known in Southern Ohio for formidable debating skills. (What I wouldn't give for his library, which his God-fearing wife mostly consigned to the flames on his death.) He was known as well for honesty and generosity. Family legend has it that Billy could walk into any bank and get a loan on a handshake. Those qualities may have cost him the family business, a couple of general stores and a small country inn, as he apparently extended credit to too many folks who weren't able to repay him. As a result, my father was born into poverty. I do not know how much of Billy's thinking made its way into this book, though some of Zada's views can be found in the last chapter. But he left his descendants a great trove of cultural and spiritual capital, helping sustain the family through some of the same poverty and other hardships that broke Edward. Four generations of real wealth, and counting.

Neither of these men may have been particularly *happy* during their lives. But in the final reckoning, this does not appear to be the most important thing about them. More important, I think, is what they did, what they contributed. The advantages they left, or failed to leave, for those who came after. Whether they acted well, or badly.

The priority of virtue

Well-being, we saw, may not necessarily involve virtue: it may be possible for bad people, like Genghis Khan, to flourish. But this hardly means that virtue isn't important.

Not that it's a bad bet from the perspective of self-interest. Most parents seem to recognize this, and try to raise their children to be decent people, partly because they think honesty, fairness, compassion, and loyalty will serve them well. As a general rule, people don't like to hang out with untrustworthy, heartless reprobates. On the positive side, we saw in Chapter 5 that caring and doing for others tends to bring greater happiness. At any rate, most people do in fact have moral commitments: we value honesty, loyalty, kindness, and justice. To act against those values may be to make ourselves failures on our own terms. For most people, a life of immorality probably tends to exact a high price.

Still, there is no guarantee that immorality won't sometimes make a person happier, or even better off. Nor that the bad person won't do pretty well, at least by conventional standards. Aristotelians and others convinced of the intrinsic benefits of virtue tend to find such concessions worrisome. Sometimes, it seems, the concern is that we can't take virtue or morality seriously enough if we admit that people can profit from immorality. But that doesn't follow at all. In fact very few serious thinkers fail to give virtue pride of place in thinking about the good life.

Virtually all ethical philosophers agree on something we might call the *priority of virtue*: broadly and crudely speaking, the demands of virtue trump all other values in life. Acting badly is out of the question, even if that would make us happier or otherwise benefit us. This is basically a consensus position in philosophy, though of course philosophers disagree about what virtue involves. For the great majority, it includes acting morally, and even apparent exceptions tend not to advocate acting badly. Nietzsche, for instance, was no fan of conventional morality, but he did not counsel against living admirably. And many philosophers would allow that nonmoral reasons sometimes outweigh moral reasons. If you discover that keeping your promise to meet some friends at the movies will mean losing your job, it's OK to break the promise. But, at the very least, we must not act badly.

The ancient debate over whether virtue necessarily benefits us is interesting, but it can also be somewhat of a red herring. Whether it benefits us or not, most parties can agree that virtue, including morality, is our top priority.

A right to be happy?

All this talk of 'virtue' can seem a bit dry. So let's pause to consider what it means for the pursuit of happiness. Obviously, acting badly in the name of happiness is out of the question. Here's one way that can play out.

'I have a right to be happy.' On hearing these words, one may want to duck: what follows is rarely good news. When someone says something like this, it tends to be so transparently aimed at rationalizing some sort of seedy behaviour that we aren't likely to take it seriously. Yet the claim is often heard all the same, at least in these parts. Is there anything to it?

In a word: no. No one has a right to be happy. Such a right is nowhere to be found in the American Declaration of Independence, which speaks only of its pursuit. And few philosophers have ever posited a right to be happy.

Let me qualify that a bit. If one means 'I have a right to be happy' in the same sense that one says 'I have a right to chew gum', then of course we have a right to be happy. Nothing wrong with being happy. But that's not what people mean when they say this: rather, they mean it in the same sense that one tells the boss, 'I have a right to get paid', after fulfilling the terms of employment. The person is claiming an entitlement to happiness: something he deserves, and which the world, or someone, owes him.

It is questionable whether anyone deserves much of anything, except to be treated with respect. Be that as it may, the idea that happiness is owed to anyone is deeply implausible, and few serious thinkers have claimed any such thing. A right to the necessities of happiness, perhaps, but not a right actually to be happy.

The mistaken assertion of a right to be happy is an example of a broader error, namely a belief in cosmic entitlements. For instance, that one deserves a reward merely for being virtuous. Not from anyone in particular, just . . . the world. A common reply to any mention of environmental concerns, for instance, goes something like this: 'I work hard, so I deserve to have nice things.' Perhaps there's genuinely nothing wrong with, say, an Arizona homeowner purchasing an extremely wasteful watering system for her lush desert lawn. But the idea that the individual *deserves* it is not terribly compelling. For most of us, hard work is a given, not something we get a prize for.

Life is not fair. Some people, through no fault of their own, will fail to find happiness. Some will be stuck in marriages that don't make them happy, yet aren't bad enough to justify putting their children through a divorce. Just as others, too young, drop dead from a heart attack. No one is entitled to be happy. But even the unalterably unhappy may still lead good lives, and many of them do. We will return to this in the final chapter.

Another kind of mistake: it is possible to make too much use of the rights one actually has. A man buys a piece of land, for example, then ignores the neighbours' pleas and proceeds to build a monstrous house that blocks a prized view from nearby businesses, driving away customers and otherwise annoying everyone around him. Much of the time he operates noisy machinery that shatters the peaceful environment that drew many other residents to the area. As a result, some of the neighbours have put their homes or businesses up for sale.

The reader knows exactly what the man said in response to his neighbours' entreaties: 'I have a right to do what I want with my property.'

This is a curious justification. The man may well be correct about his rights. He may have violated no legal code. Nor perhaps was anyone morally entitled to prevent him from doing it, or to exact compensation from him. At any rate, the man is calling on a perfectly ordinary understanding of rights. Let's grant him his view, then, and concede that he indeed acted within his rights in building his beastly abode. Is that any defence?

Consider a brief list of some of your rights, so understood. You have a right not to visit your wife in the hospital. You have a right to be callous, insensitive, and inconsiderate. You have the right to annoy everyone around you. You have the right to tell your kindly grandmother she looks like the back end of a mule. You may have the right to let your neighbour starve, though you have food enough to share. You have, in short, the right to be a deplorable, despicable, contemptible jerk. You have the right to be a terrible person and lead a terrible life. But of course you wouldn't be *justified* in doing any of these things.

What makes living with each other bearable, and civilization possible, is the willingness of all parties to *limit the exercise of their rights*. Arguably, to invoke a right to do something is merely to declare that others may not forcibly stop you from doing it, or demand recompense after the fact. Obviously, if the only constraint we put on our behaviour is to avoid doing things that might warrant the use of force or compensatory proceedings against us, life will rapidly become, as the English philosopher Thomas Hobbes (1588–1679) might have said, 'nasty, brutish and short'. A society in which 'I have a right to' counts as a justification for doing something is in deep trouble.

Perhaps because this sort of thing has become somewhat of a problem, contemporary English vernacular has a special name for people who act as badly as they have a right to, and it has become quite popular. They may do no one strictly an injustice, paying all their bills, telling no lies, and so forth. They might even be, otherwise, good people. But they are very inconsiderate, and very hard to live with. We call such people assholes.

One should not be an asshole in the pursuit of happiness.

Meaning: connecting with what matters

A puzzle

I've been stressing the importance of morality, but acting and living well goes far beyond moral goodness. We don't just admire people for being good, but also for exercising such homely virtues as friendliness, wit, or resilience. Or, simply being skilled in the art of living. 'She really knows how to live' is a pretty high compliment. Growing up, one of the harsher criticisms we could receive was that we were acting soft, weak, spoiled—unable to handle our business. Or, half-jokingly, 'You're not worth the powder it'd take to blow you up.'

Another crucial part of living well has to do with *meaning*: very roughly, connecting with people and things that matter. We want not just to be happy, or good. We also want to pass our lives in meaningful, worthwhile pursuits. We've seen that such activities can make us happier. But beyond that, they are simply worth doing, quite apart from the happiness they bring.

In recent years the question of a meaningful life has become especially interesting to people with children. The reason? According to some studies, having kids doesn't make us happier. It may even be a downer. These studies seem to have hit a nerve with many parents, who are not generally keen to think that their darling spawn have made their lives worse. For years we've been clubbing our childless friends over the head with tales of the delights of parenting, so this is a little embarrassing.

Now those studies could be wrong, and some researchers claim they are. But they probably aren't *that* wrong. At least, not in this part of the world. (It might take a village to raise a child, but many folks have little more than an under-rested spouse, if that, to help keep the little ones entertained, loved, disciplined, clothed, and fed.) A lot of parents were happier when they could just go out for a drink at night, and also didn't need one. Still, those of us with kids can't shake the conviction that our lives are *much* better for it—happier or not. Either we are in the grip of an unshakeable delusion, or kids benefit us in some other way than just making us happy. What could that be? An obvious thought is that they contribute a great deal of meaning to our lives. Let's see what this involves.

The roots of meaning: appreciating versus liking

The importance of relationships and activity for happiness, we saw, reflects our status as social creatures and as agents: lovers, and doers. The importance of meaning for happiness reflects a third aspect of human nature: we are also *valuers*. We do not just want or like things, like dogs do; we also value things. To value something is to see it as mattering, as something you ought to want: as grounding reasons for you to respond to it in certain ways. For example, you probably don't just prefer to be a person of integrity. You value integrity. Which means you see integrity as something you should maintain—not simply because you like it, but because it is worth maintaining. When you fall short and sacrifice some of your integrity, you don't just feel frustrated. You feel ashamed or guilty: you failed to measure up.

You can want or like something without valuing it. A smoker trying to quit may yet want a cigarette, but regard herself as having no reason at all to want one, or to smoke one. Or: I like Cheez Whiz. (A uranium-yellow synthetic spray 'cheese' in an aerosol can.) It tastes good to me, but the pleasure of it is a cheap, meaningless pleasure. I don't see Cheez Whiz as particularly deserving of my appetites. It would never occur to me to try to get someone else to appreciate it. *I* don't even appreciate it. I just like it, the same way my mutt likes his kibbles. It's junk food.

But then I sit down to a meal of some outstanding barbecue. To pull this sort of meal off, I realize, is no easy feat. The preparation is subtle, clearly the work of a talented cook. I like the ribs, yes. But I also *appreciate* them, as well as the artistry of the chef. To feed this creation to my dog, who cannot appreciate it and might at best regard it as a really tasty kibble, would be scandalous. I might try to explain the virtues of this preparation to a friend who's a newcomer to barbecue, hoping she too will come to appreciate it as I do. This is not just pleasant but a rewarding, satisfying meal. All the more so if shared in good company.

While we don't usually talk about dinner as a meaningful experience, neither would we consider such a repast to be a cheap, meaningless pleasure. (There's a reason Jesus wrapped up his life with a meal, and it wasn't The Last Drive-Through.) It is pretty meaningful to have the privilege of sharing a well-executed meal in good company.

The difference between *appreciating* and *liking* marks a critical difference between human and merely animal enjoyments, between the fulfilling and the merely pleasant. In appreciating things, we experience them as valuable, as mattering and worth wanting. We do not merely feel good about them, the way a dog likes his chow. Appreciation, we will see, appears to be central to a meaningful life.

Meaning in life, subjective and objective

Let's begin with the subjective side of meaning: feeling like your life is meaningful. Seeing your life as meaningful, I would suggest, involves *appreciative engagement with what you see as having merit or worth.* Any kind of excellence or beauty, for example, or simply the intrinsic worth that a human being has. To put it in plainer language, our lives seem meaningful to us when it feels like we're engaged with people and things that matter. Our lives feel worthwhile to us. This is a bit loose and could use further argument, but it should be good enough for our purposes.

To illustrate: Stephen Darwall, a philosopher whose work strongly influences me here, offers the example of Daniel Golub, a concert pianist who is rapturously lost in his virtuoso performance of a great piece. That is a model of appreciative engagement with merit: he recognizes the excellence of the music and the performance, and takes joy in connecting with those values. Such experiences are highly meaningful. Personally, I prefer this example (Figure 13):

13. Keith Richards of The Rolling Stones

Suppose your life *feels* meaningful to you. Does that mean it really is meaningful? Imagine you're a demented monarch who takes great satisfaction in carrying out absurd and cruel policies that strike you as really important. From your perspective, you're connecting with things that matter. Could this be a meaningful life? Philosophers divide on this question, but it seems a little extreme to call such a life utterly meaningless. Even if your goals are completely worthless, they still seem meaningful to you. So why should we insist that your life has no meaning at all? Subjective meaning probably counts for something.

Still, wouldn't your life be a lot more meaningful if you were engaged with things that actually did matter? Part of a meaningful life is just doing things that are in fact worthwhile. When people cite Martin Luther King or Mother Teresa as exemplars of meaningful lives, they probably aren't thinking about how it seemed to those individuals. Rather, the mere fact that they devoted their lives to great accomplishments makes them meaningful. Any life dedicated to worthwhile ends is meaningful.

So meaning can arise both from connecting with what seems valuable to you, and from connecting with what is actually valuable. Call these *subjective* and *objective* meaning, respectively. The most meaningful lives will combine subjective and objective meaning. In the central case of meaning, then, *what makes life meaningful is appreciative engagement with merit or worth*. Philosopher Susan Wolf makes a similar point when she writes that 'meaning arises when subjective attraction meets objective attractiveness'. Lives can have some meaning without the subjective component, say when we do good things without really appreciating their value. Likewise without the objective aspect, as when we are deluded about the worth of our activities. But the meaningfulness of our lives is diminished when either component is missing.

Why meaning matters

It seems obviously important to lead a meaningful life. But it is not so obvious *why*. How does meaning make our lives better? We saw in Chapter 5 that meaningful activity is a major source of happiness. In fact I suspect that our lives can only be emotionally fulfilling when they seem meaningful to us. We might think of emotional fulfilment as a mixture of joy and attunement that arises when we appreciatively engage with what we see as valuable. Joy, due to the recognition of good things happening and being connected with them. And attunement, due to the recognition that one is doing, or being, what one ought: a sense of completion or, well, fulfilment. It is not clear how you could achieve this state without feeling like your life is fairly meaningful.

Still, meaningful pursuits do not always make us happier. Sometimes they are difficult and stressful. An artist, researcher, or politician might lead a highly meaningful life, yet not be particularly happy. And then there are the children: they don't always make us happier, even as they add meaning to our lives. How, then, do we benefit?

One possibility is that the experience of meaning just is a good experience to have. Not just because it involves pleasure, but simply as a positive experience in its own right. Perhaps an experience can benefit us either by being pleasant, or by being meaningful or rewarding.

A more familiar thought is that meaningful lives tend to be more *successful*. In doing things we find meaningful, we achieve a measure of success in things we care about. Being a good father or friend. Helping others, creating beauty, or pushing the boundaries of human knowledge or athletic achievement. Such successes seem to make our lives go better for us, quite apart from any happiness payoff.

Finally, even when meaningful pursuits don't benefit us, they can still be worthwhile. Many a political dissident has paid a steep price for their efforts, and some no doubt would have been better off doing something else. But their struggles may add greatly to the meaningfulness of their lives, benefit or no, simply because they have so much merit.

Summing up: if I am right, then *a major part of the good life is connecting with what really matters.* This contributes centrally to making our lives fulfilling, meaningful, and worthwhile. Variants of this ideal probably arise in all the major religions. Saint Thomas Aquinas, for instance, saw the human ideal as union with God—the beatific vision. Our goal, in essence, is to connect as closely as possible with the good.

Meaning and modern life: appreciators and consumers

Let's see how these points might apply to our everyday lives. The ideal of connection is radically different from the ideal of simply getting whatever you happen to want, perhaps the standard view among moderns since Hobbes. In the picture we've been discussing, which Darwall traces to Aristotle, humans are valuers who seek to connect with the things they ought to desire. The world's value does not simply depend on our whims, but is something we discover. We remind ourselves to keep our eye on the ball, not letting our desires become detached from the things that really matter. And we educate and cultivate ourselves, in part so that we may better appreciate the worth of things, enriching our lives in the process. In short, the ideal of connection counsels us to seek a life of appreciative engagement with value: to be an *appreciator*, as we might call it.

In the Hobbesian view, reflected in mainstream economics, we are brute desirers who wish simply to get our fill. Or at least to keep the pangs of hunger at bay—*Homo gastropodus*, a stomach with legs. Like clever dogs chasing ever more kibble, we treat our desires as simply a given, not something to be scrutinized, reflected upon, and improved. The Hobbesian sees the world as something to be used and consumed, its value depending wholly on the individual's whims. You don't connect with other people; you contract. Or, if you're a demented genetic designer like *Blade*

Runner's Sebastian, you synthesize. Appreciation doesn't enter into it; you just *want*. The familiar term for this beast is 'consumer'.

I first began distinguishing consumers and appreciators in my years at a vacation spot, where I noticed a divide in the way tourists approached the place. Many, the appreciators, arrived with an open mind, adapted themselves to where they were, and enjoyed the place for what it was. Others, the consumers—'touroids' was the local term—seemed to regard the locale simply as something to amuse or entertain them. 'What, no miniature golf?' 'Why can't I get a decent cappuccino around here?' 'I'm bored, there's nothing to do here.' Never mind that they were in one of the most beautiful locations on the planet. Family burial plots were routinely trampled in search of a quaint photograph, 'no trespassing' signs notwithstanding. To see what I mean, observe some vacationers at another spot in Figure 14 as they extract souvenir photos from Buddhist monks taking their daily walk.

Few things, I suspect, can more thoroughly drain life of meaning, dignity, or joy than having this sort of outlook. It is better to be an appreciator than a consumer.

14. Tourists photographing monks, Luang Prabang, Laos

Luckily, few people have fully embraced the grim Hobbesian perspective in their lives. Connecting with value happens in our work, sports, the arts, nature, and other encounters with beauty, hobbies, good works, and most of all our connections with other people. In fact, probably most activities we like to do confer some meaning. In a market economy, most paid work is worthwhile and meaningful to some degree, as long as your dealings are honest. One of the more meaningful episodes of my youth was simply earning a paycheck and paying the bills. At age 16, I packed up and went to another state, where I rented a bed for the summer and paid my expenses clearing tables in a restaurant. Just providing for yourself is a pretty meaningful act. If you sell shoes, you're not only providing for yourself and your family, but also offering a valued service to your employer and your customers. Your paycheck reflects the value you provide for others. All this is worthwhile and meaningful. (Admittedly, in many jobs the *sense* of meaning may be fairly weak, since the fruits of your labour may be pretty far removed from your daily experience.)

Similarly, you might see something to admire in a well-played game of football, and so find playing it to be meaningful and fulfilling. You might find just *watching* football on television to be fulfilling, if in so doing you are not just having fun but appreciating the skill of the athletes. Is this any different from appreciating a ballet or opera? Naturally, actually doing the activity tends to be more fulfilling than merely appreciating someone else's performance of it. We can participate both as agent and observer.

Perhaps the most important form of appreciative engagement is *social* engagement: talking and doing things together. Doing things for others. Unless you are a psychopath, you cannot help but see value in other people and in responding appropriately to them. Indeed, people may seem to most of us to be the *chief* source of value. Given the complexity of human sociality, our interactions with each other demand tremendous sensitivity, discernment, skill, and sophistication. If it doesn't always seem that way, it's because humans are so good at it. Even something as basic as good conversation is an art, requiring considerable intelligence and practice.

Just hanging out with friends can be highly meaningful and fulfilling. Doing things for them, even more so. Since the great majority of people have social lives, this suggests that one need not pursue great accomplishment to lead a perfectly meaningful, fulfilling life. It may be that few people truly fit the stereotype of the mindless consumer leading an empty, meaningless life.

Summing up: the place of happiness in a good life

I cannot confidently enumerate all the values that factor into a good life. But I have suggested that happiness is part, but not the whole, of human well-being. Beyond well-being, it is still more important to act well: virtue is our first priority in life. Leading a meaningful life contributes both to well-being and to virtue.

Does this mean happiness isn't important? Of course not. Health isn't the only thing that matters either, but no one denies the importance of health. Recall our fictional communities, Eudonia and Maldonia, from Chapter 4: would you consider it unimportant which community you lived in? Happiness isn't everything, but still it matters—rather a lot. A society that resembles Maldonia has some pretty grave defects.

This chapter and the last have emphasized how distinct the elements of a good life are: happiness, morality, and so forth. Sometimes they can pull in different directions. But for the most part they do not. By and large, the ways of living that bring happiness also tend, by any reasonable measure, to be *good* ways of living.

Consider the young woman pictured in Figure 15. Just from looking at a photograph, we cannot be certain that she is happy, or

15. A young Tibetan woman

a good person. But I suspect she strikes *you* as happy, and good. As a general rule, people who are selfish, shallow, or mean do not look like this. For the most part, I think, they do not look happy at all.

Dr Thomas Mettee, a family practitioner in Cleveland, Ohio, was one of the happiest-seeming men I have known. As with very many of the happiest people I've met—all of them, actually—much of his happiness derived from his concern for others. Indeed, leading a life of service to others. When he walked into a room, everyone's spirits lifted. He could have you laughing on your deathbed.

Mettee saw what was unique in each patient, and he seemed instinctively to know what you needed, what needed to be said. He could deliver a stern lecture on the necessity of losing weight, or quitting smoking, and not make you feel defensive in the least. He recognized that families need care and wise counsel just as much as the patients, and I am sure he helped to keep many families working together through the hardest passages of life. Nightly house calls, if called for. If need be, he would bend the rules to get a patient what she needed, perhaps commandeering some hospital equipment to allow her to die at home, in her own bed. If a patient had a favourite flower, he might place it on her chest in her final minutes, the petals rising and falling with her slackening breath. When the blossom ceased to move, the gathered family would know that she had passed on.

Three nights ago Dr Tom himself passed away, I hope in the care of one of the many physicians he trained. Though it is only February, the flowers he sent for our garden—daffodils, my mother's favourite, and tulips, my father's—have already begun peeking up through the soil.

Chapter 8
A good life

> 'Yes, we're happy... We could all use a little more money, but we have what we need, and what we don't have, God takes care of.'
> 'What would you do if you had more money?'
> 'Probably buy bigger houses... But on the other hand, we probably wouldn't meet like this every afternoon. So, maybe not.'
>
> Three women sitting on cement blocks in front of their houses, Monterrey, Mexico. Average household income, 'perhaps $500 per month'. From Dan Buettner, *Thrive*

What makes for a good life?

To put the pursuit of happiness in its proper context, we need some notion of what a good life looks like. One of the more noteworthy features of a good life is that, like a good play or a pleasant visit from the in-laws, it eventually draws to a conclusion: you die. This is probably not something you are looking forward to, but neither is it such a terrible thing. If the old never died, the young would soon find things pretty crowded, and get really tired of hearing the same stories over and over again. And if you alone gained immortality, you would soon find things pretty lonely and weird, as the world leaves you behind. We don't know what happens when we die, but I suspect you aren't planning to end up someplace uncomfortably warm. If there's no afterlife at all, then it's going to be pretty much like it was before you were born. That wasn't so bad, was it?

Before your time comes, you may look back on a long life and take stock. Did you have a good life? This is the really important question, the one you really want to get right. But how can you tell? What counts as a good life?

It is surprisingly hard to define a good life. Or maybe not so surprising. But let me venture a suggestion. I'm not sure it's correct; in fact I'm not aware of many similar discussions in the literature, so these waters are not as well-charted as one might expect. But it seems a reasonable starting point.

Let's say that a good life is a life you could reasonably affirm. Put another way, *a good life is a life that you could justifiably be satisfied with*. (I am being brief here, leaving a more detailed argument for another time.) Call this a 'justified affirmation' account of the good life.

There may be other reasonable ways to think about 'good lives', serving different purposes. When setting goals for oneself, or one's government, it may make sense to focus on a more demanding notion of the good life: a life worth aspiring to. This would be a 'justified aspiration' notion of the good life.

Here, though, I am interested in the way we evaluate lives as they are lived, or when looking back on them. The question is, when are we justified in affirming, or being satisfied with, our lives? As the last two chapters explained, there seem to be at least two fundamental parts to a good life: whether your life is good *for* you, and whether the way you lead it is good. Well-being, and virtue.

We saw in Chapter 3 that it may not be very important whether you are *actually* satisfied with your life. But here the question is whether you have reason to be satisfied with your life. Whether you *could* reasonably take such an attitude. This is a question about how your life measures up, not your state of mind. And that could be important even if it doesn't matter so much whether you actually do have the attitude.

Interestingly, for your life to be good for you, it does not have to go well for you; you don't need to fare well, or do well. You don't need a high level of well-being. Your life just needs to be a good thing for you to have had. For this, it may suffice if your life is *worth living* for you: better than having not lived. But this seems a bit weak: a life just barely worth living seems at best to be okay, acceptable, or maybe tolerable. So let's say, to count as a genuine good for you, your life has to be *well* worth living for you: substantially better than having not lived. This is vague, but we shouldn't expect precision here.

So one part of the good life concerns your *well-being*. The other part, very roughly, is the ethical part of it, or *virtue*. Have you conducted yourself well? Have you chosen and acted well? Choosing and living well isn't just a moral thing: it's more broadly a matter of living sensibly and wisely. This might include being prudent in your personal affairs, maintaining your dignity, getting the most out of life, and so forth. If you live very well, we might say you lived *admirably*.

All that said, morality is clearly the most important part of the picture, and the most important thing to get right in a good life. We already saw this in Chapter 7, but let's examine the point a bit closer. In thinking about good lives, it can be helpful to apply the 'eulogy test': imagine you're delivering the eulogy for a person. Make it a dry run to an empty room so you don't have to worry about offending anyone. Would you say that he had a good life?

As a general rule, people tend not to say that bad people had good lives. If you think so-and-so was a moral degenerate who treated people like dirt, you are not very likely to think of him as having had a good life. Even if he were wealthy, happy, and admired by many, having essentially got away with being a horrible person.

On the flip side, think of someone you consider to have been a really good person, who conducted her life courageously, kindly, justly, and in an otherwise morally admirable way. Most likely, you would also deem her to have had a good life. Abraham Lincoln and Winston Churchill suffered greatly from depression. Martin Luther King, Jr., was murdered at age 39 after a not particularly cushy career leading the civil rights movement. During the prime of his life, Nelson Mandela spent 27 years in prison. None of them had particularly enviable lives. Yet these are the sorts of people who tend to get cited as *paradigms* of good lives.

When we talk of good lives, are we just talking about *morally* good or virtuous lives? Certainly not. Think again of the eulogy test: is it not relevant, when summing up a person's life, whether she enjoyed it? Whether she was happy, or miserable? Whether she succeeded or failed in her important goals? Mandela seems to have had a good life, at least given the standard narrative of things. But the fact that he spent nearly three decades in a prison cell, after which his marriage crumbled, at least prompts one to pause and think about it. It would have been an even better life had he been able to accomplish great things without so much suffering.

Now imagine a very kind, courageous, and honourable person who does good works for others, but endures an endless stream of horrors: excruciating illnesses, ostracism, and public humiliation. Watching her children die one by one. A lifelong depression that frequently leaves her contemplating suicide. And an early, lonely, painful death. So few were the consolations of this life that she would rather never have been born. Her goodness as a person counts for a lot, yet it would be hard to call this a good life. On the contrary, it sounds like a very undesirable life, a life one would be hard-pressed to affirm.

A good life may not require doing or faring well. But it seems one must do well enough to make life well worth living. And most of all, it requires acting reasonably well. A good life is a life well-lived, and well worth living.

Prospects for a good life

There is a happy moral to this account of the good life: the good life is not hard to get. The well-being side of the equation, after all, is very undemanding. Even the average Charlie Brown, for whom things rarely go well, can still have a life well worth living. Most of the time, life is awash in small pleasures: almost every hour brings pleasant smells, pleasing sights and sounds, agreeable sensations, amusing thoughts. This is not always so obvious, because we are so used to it, and because we are wired to respond more strongly to the bad things. (This is called 'negativity bias'.)

Yes, there are times when the suffering overwhelmingly trumps the pleasures. Indeed when no consciousness at all might be preferable. For some periods, life may be such that it genuinely wouldn't be worth living, if that's all the future could bring. Yet no one reaches old age and lies on his deathbed thinking, 'if only I had killed myself when I was 17. Suicide really was the answer.' I've not heard of it, anyway. Eventually the pain subsides, age mellows us and gives us a better sense of proportion, and we realize how good it is to be alive.

Since the well-being part of a good life is so easily met, the chief obstacle to a good life, for most of us, is our own choices. We are far more likely to undermine our lives by acting badly than by being unhappy or unsuccessful. If you do badly by your family, cheat people, are selfish or just plain mean, you will have a much harder time saying honestly that you're satisfied with your life.

The other side of this, though, is that *the most important element of a good life is wholly in your control*: it is your choice whether to act well. For the most part, whether you have a good life is up to you. You may or may not find happiness. But you can handle life's slings and arrows with goodness, dignity, and grace.

I would suggest that most people do, and consequently have good lives: lives worthy of affirmation. This may be the real lesson of the high rates of reported life satisfaction around the world: perhaps most people are satisfied with their lives because they have good *reason* to be. It does not mean they are happy or even doing well. It just means they recognize their lives to be good, and appreciate it. If anything, perhaps *more* people should be satisfied with their lives. Maybe many people fail to recognize how good their lives really are.

So most people have lives well worth living, and arguably conduct themselves reasonably well: mostly doing right by their families and friends, honouring their debts, earning an honest living, fulfilling their obligations—leading decent, dignified lives. Even those hobbled by severe disabilities can choose to handle them well. They may also bring joy, meaning, and inspiration into the lives of those around them. However modest your achievements, you can take satisfaction in knowing that you handled your responsibilities, knew something of love, and took in a bit of Earth's, and humankind's, splendour.

For my own part, most of the good lives that come to mind involve average folks leading pretty ordinary lives. (Though if you think about it, even the most ordinary human life is a pretty extraordinary thing.) In fact good lives may be inversely correlated with accomplishment and fame: notoriety and extraordinary achievements tend to require a single-minded devotion that can compromise more fundamental elements of a good life, like family relationships. I've met a good number of accomplished people, very impressive in their fields. But more than a few of them have come across as pretty unimpressive human beings, whose families I do not envy.

The homemaker who shepherded her family over the decades with discernment, sensitivity, wisdom, patience, and a sharp wit may pass unremarked by the wider world. But I would much prefer that my children go on to lead lives like hers than Woolf's, Wittgenstein's, Van Gogh's, or Hemingway's. Those of us observing from a safe distance should be glad of the great men and women whose fruits we enjoy. But that doesn't mean we should want to live like them.

Setting priorities

Knowing the criteria for a good life is a far cry from knowing how to get there. So how does one put the claims made in this book into practice? What does our discussion suggest about what our priorities should be?

There's really no general answer to this question, because each of us has different problems and different needs. Anyway, I have no expertise in advising people about their lives. Still, it seems a waste to have come this far and not at least have a conversation about what our priorities ought to be. Each of us is different, but not that different. All human beings face a lot of similar problems, and have a lot of similar needs. Many of our values are common, as well. Consider how you can become friends with people in any part of the world, and how we can all enjoy many of the same stories and films. Nobody watches *Star Wars* and thinks Darth Vader is a really terrific guy.

So here, for what it's worth, are a few suggestions on the most important items to bear in mind—areas where it is easy to make mistakes that make your life worse. They will not apply to all persons at all times, but they might apply to most. While these reflections draw on my philosophical training and knowledge of the scientific literature, it is not expert counsel, nor will I offer any real argument for the list. These are just suggestions, based on my sense of where the most significant practical concerns lie. You'll likely have your own ideas in these matters, perhaps better suited to your personality and circumstances.

What sort of list would you offer to a friend, sibling, or child trying to decide how to live?

Connect with people and things that matter

> Someday, someday, but certainly not now, I'd like to learn how to have a conversation.
>
> A 16-year-old boy who relies heavily on texting

This, we saw earlier, is both a key source of happiness and, independently, an important part of living well. Especially today, when so many forces try to get us absorbed in trivia, it is easy to devote far too many of one's waking hours to things that aren't worthwhile or important. Family and friends are the obvious case here, but beauty, excellence, and other forms of worth are all major sources of meaning in our lives. And failing to engage enough with them is the sort of thing we are all too likely to recognize at funerals.

I once spent some time with a deeply unhappy, fractured family who displayed all the signs of a materialistic lifestyle. Work was about making as much money as possible. That money was spent on fancy cars and other markers of status. Shopping was one of their main leisure activities, with one young woman describing herself as a 'shopping addict'. Most of the family seemed lost talking about anything they regarded as very important, or having any real substance at all. Deep or meaningful conversation was apparently not a regular feature of their lives. They seemed isolated from one another, locked in their own private worlds.

Yet they were nice, likable people whose core values seemed perfectly healthy, and little different from anyone else's. They cared deeply about their family and other relationships, and there is little doubt that they valued familiar virtues like honesty, fairness, kindness, and loyalty. They treasured memories of personal achievements, shared experiences, and other meaningful episodes in their lives.

Most likely, they were simply pursuing the kinds of goals that their culture validated and made readily available to them. Perhaps it never occurred to them that there were viable, honourable alternatives to the single-minded pursuit of money, stuff, and status. And so they pursued a way of life that served their appetites, but undermined the things they actually cared about. The experience left me disheartened to be part of a culture that lets people down so profoundly, urging us to put our lives so thoroughly at odds with our own values.

Materialism is one threat to connection; perpetual distraction is another. As I write, we are just a decade or two into a new era of potentially nonstop artificial stimulation: cell phones, texting, handheld video games, home gaming consoles, iPads, iPods, iPhones, Facebook, Twitter, the internet, and probably a bunch of other stuff I'm forgetting. I enjoy using many of these technologies, which are popular for a reason. Sometimes they enhance our relationships, for instance helping us keep in touch with distant friends and relatives.

But they also serve less rewarding ends, and can be more than a little addictive. Having an iPhone at your disposal is like hanging a sack of doughnuts and chocolates around your neck. Yes, you *can* moderate your consumption to a healthy level. But there's a good chance you won't. The next thing you know you're texting friends from Mom's funeral, eating your dinners with headphones on, waking at night to check your Facebook feed, and playing Call of Duty at the beach. The modern day lotus eater, insensible to the call of reality.

At the limit: no reflection, no peace, and no genuinely human interactions. Maybe textual simulacra thereof, which have their consolations but resemble actual face-to-face conversations roughly as much as a stick-figure drawing resembles the Mona Lisa. Soon, you may pretty much forget how to talk, as many of us already have. (This becomes starkly apparent when you visit a place where the art of conversation still thrives, like a working-class English pub.)

You can now be plugged in, but disconnected from nearly everything of worth, for every waking moment of the day. I don't know how serious a worry this is long-term. I suspect people will adjust by developing norms and habits to help them keep the technology from stripping away the fabric of their lives and rewiring their brains, leaving them incapable of functioning without constant electronic input. But there's plainly a risk of overdoing it.

A more traditional threat to connection relates to one's choice of occupation. When choosing a line of work, the temptation to go for money and status can be powerful. Particularly if you don't

16. Mealtime with the plugged-in family

have a clear idea what you want to do for a living. However, the first thing to notice is that no one gives a young graduate, who doesn't know a hawk from a handsaw, a big heap of money without extracting a pound of flesh. Those lucrative entry-level jobs in finance, law, or whatever pay a lot because, well, they *have* to pay a lot. No one in their right mind would volunteer to spend 80 hours a week toiling at an unfulfilling job in a semi-abusive environment unless they were either very desperate or very well-paid. Engineers may be among the exceptions to this rule, since they graduate with significant work skills; but then they already made a flesh donation in college.

Short of thievery or dumb luck, like having the right golfing buddies, there seem to be two paths to riches: working really hard in a punishing profession that pays well because no one would do it otherwise (e.g., law), and working really hard at something you are really good at and passionate about (e.g., Steve Jobs). At least, it's hard to imagine how else a functioning market economy could go about allocating the highest salaries. Why put people at the top of the pay scale to kick back and do something easy and fun?

If you're going for money, you'd probably best be in the 'passionate and talented' category or you're not likely to be very happy or have a very meaningful work experience. And if you are one of those individuals, it probably won't truly be the money that's motivating you, but the work itself and the idea of doing it well. The money may primarily be a sign that you're really good at what you do.

But if you're in a position to be able to choose a lucrative career, why should the money be important in the first place? Just having that option makes you a very lucky person who is unlikely to end up in the poor house no matter what you choose to do, unless it's poetry or jazz.

Recall that in the United States, household incomes above $75,000 seem on average to have zero effect on happiness. Based on the findings of a major employment study from 2009–10, this income is less than the average for the *worst-paid* college majors at mid-career, assuming your household has two working partners with similar earnings. Two experienced graduates in social work or elementary education earned, on average, a combined mid-career salary of about $80,000. Moreover, unemployment rates tended not to vary wildly across college majors—the highest mid-career rates, for architecture and linguistics, ran about 9 to 10 per cent. Those 'low-paid' social work and teaching jobs nonetheless sported decent job security in the survey: elementary educators had among the lowest mid-career unemployment rates, at 3.4 per cent, with social workers at 5.8 per cent. Which is to say that *every* college major—yes, even philosophy—tended to get decent-paying jobs, putting their income above the threshold of minimal returns, happiness-wise. Now these numbers hail from a certain time and place, and this is only a single study. Your prospects may be different. But they do suggest caution in placing a great deal of weight on the financial side of career decisions.

This is not to say that we should be indifferent to the financial side of our work choices. 'Follow your bliss' can be excellent advice, but your spouse won't be so pleased if your bliss involves not being able to pay the bills. Social workers are pretty close to the threshold where money starts to have a significant impact on happiness, and some will fall below the average or live in expensive areas. And even if money troubles don't diminish their happiness they may still have difficulty with things like getting their kids into good schools, weathering unexpected troubles like medical emergencies, or saving for retirement.

There are good reasons to prefer higher-paying jobs, even out of college. But from the happiness perspective, at least, the average person's monetary needs seem to be pretty modest, and easily met by most careers requiring college degrees in the United States.

More money has distinct advantages, but you probably won't suffer without it.

All this is by way of saying: it is foolish to let the pursuit of wealth, status, and stuff get in the way of a fulfilling, rewarding work life. If the pursuit of ambitious material goals seriously compromises your ability to connect with people and things that matter, you've likely made a big mistake.

Relax

> 'Laurie says Ravioli is too busy to play.'
>
> Three-year-old New Yorker Olivia, about her imaginary playmate Charlie Ravioli, who is usually too busy to play, and his personal assistant, Laurie

Several years back I read an interview with a Mexican businessman whose family had lived in the United States for ten years before returning to live in Merida, reputed to be a lovely city. Both countries have their pros and cons, he said, but he preferred Mexico for himself. Asked if he had any advice for his northerly neighbours, he offered one suggestion: 'Chill!'

Mexican-style laid back is certainly not for everyone; among other things, it comes at the cost of efficiency. This is very much an area where personalities, cultures, and tastes can legitimately differ. But even those who prefer a faster pace of life can try to give themselves a bit of breathing room—some time to slow down, reflect, and recharge. Or, at the very least, to notice things.

On the face of it this point may seem in tension with the idea of connection, and indeed it can be. One way to connect with things of value is to engage in challenging, meaningful work. This can sometimes leave little time to relax. In many cases the tradeoff is worth it, say because the work seems especially meaningful or worthwhile. But it is always a tradeoff, because humans aren't built to always be on 'go'.

For those who have never strayed far from the fast lane, it can be hard to believe how little it is possible to do without getting bored. Our hunter-gatherer ancestors may have had 'work weeks' of fewer than 20 hours, if their present-day counterparts are any guide. (Not that hunting is exactly drudgery for them.) For most of human history, just hanging around and basically doing nothing has probably been a prominent feature of daily life. This may strike you as excruciatingly dull, and again there's nothing unreasonable about preferring a faster pace of life. On the matter of boredom, I've put the question to two trusted acquaintances who've spent a good deal of time with hunters leading traditional lifestyles, and neither saw evidence of it. One, surprised by my question, reported that 'boredom is a concept utterly, completely unknown' among the indigenous peoples he knew.

It is possible that anyone can learn to enjoy a slow pace of life. Used to my everyday busyness, I find it nearly impossible to sit down, relax, and read a book when on vacation. My motor just keeps running in high gear. Yet I once was able to spend enough time in such environs to happily pass entire days doing virtually nothing. It takes weeks or longer to get to that point, but once there it is extremely pleasant, and not at all boring. You can enjoy the simple pleasures of telling jokes about the people who can't just sit down and relax, for instance.

As well, *not* relaxing can get in the way of connection. When we used to do nothing, we didn't just do nothing alone; we very often did nothing together, or what is more usually known as hanging out. (Of course, there are limits to the fulfilments of idleness: life will start seeming pretty pointless if you don't get some meaningful activity in there somewhere.) There's no such thing as squeezing in 'quality time' with your loved ones. You just have to be together, do things together, in a natural, unscheduled, and unhurried way.

One reason for this, and a more general benefit of relaxing a bit, is that time opens up and you become more attentive and receptive to people and things around you, not locked in by the tunnel vision that hurry and stress tend to impose. Better able to appreciate things. As I noted earlier, life is in some ways shorter and more compressed when you don't relax enough.

An English nurse who worked with dying patients began tracking their regrets. Near the top of the list was this: 'I wish I hadn't worked so hard.' She writes:

> This came from every male patient that I nursed. They missed their children's youth and their partner's companionship. Women also spoke of this regret, but as most were from an older generation, many of the female patients had not been breadwinners. All of the men I nursed deeply regretted spending so much of their lives on the treadmill of a work existence.

There has lately been some controversy about whether people really tend to make very many serious mistakes about their lives. Among these male patients, at least, we appear to find a 100 per cent failure rate in how they handled some of the weightiest matters in their lives.

Slowing down the pace is one kind of relaxing. Another, though, is not blowing things out of proportion, getting more upset about troubles than they warrant. Not being needy, requiring the best of everything. Not dwelling on the negatives, feeding one's anger and anxieties. Shrugging or laughing off setbacks, choosing to see them as simply a part of the ride. There will always be setbacks.

Avoid debt

If you live in a modern economy, then money matters for happiness, and in a good life. I've been emphasizing how little it matters once you've achieved financial security. Here I want to stress how easy it is to lose that security. One of the wiser claims I have heard about happiness came from a very astute financial planner, whose line of work frequently makes him a family counsellor as well. In essence, he said that one of the biggest mistakes people make in the pursuit of happiness is taking on too much debt. In his words: 'most of the pain and suffering in today's economy is a result of too many consumers using too much debt... to buy too many things they never needed—and could not afford—in the first place'. We are the richest people who ever lived, and still we have trouble living within our means.

Debt is unfreedom: the more debt you've got, the less free you are to live as you want. Large debts make it hard to leave a job that makes you miserable, or gets you caught up in unethical practices. More than a few high-paid professionals, for instance, despise their jobs but owe so much in loans and mortgages in the sorts of houses that advertise 'success' that they're effectively trapped.

Home purchases pose special risks here, because we are vulnerable to 'focusing illusions' that make us exaggerate the importance of the differences between housing options. We tend to overlook crucial, shared features like non-leaky roofs and focus on the differences between our options, which may not be important at all. As psychologist Daniel Kahneman puts it, 'nothing in life is as important as you think it is when you're thinking about it'. In consequence, we put a lot of stock in trifling features like 'curb appeal', forgetting that we won't be spending much time sitting on the curb admiring our mini-mansion's many splendid (leaky) gables. Until, that is, the bank forecloses on us.

Make it come out even

The importance of being moral is pretty obvious, and I suspect you weren't seriously contemplating a life of rape and pillage. But we all slip up sometimes and do things we later feel bad about. Of all the things that give individuals pause when lying on their deathbeds, reflecting on their lives, probably the gravest regrets involve moral failures. Betraying a friend. Screwing up at raising your children. Not being there for someone in need. Showing too little forgiveness.

Simply advising people to 'be moral' seems too abstract to be very helpful. Let me frame the point, then, the way my great-grandmother Zada Tuteur put it, as described in one of my father's essays: *make it come out even*. This was, for her, the number one rule for living well.

From a philosopher's perspective this formula leaves much to be desired, as it is very inexact. But from a practical standpoint it seems usefully evocative.

The basic idea is to conclude your life with a favourable balance sheet. Many of us have an intuitive notion of a moral balance sheet (some cultures call it 'karma'): Have you taken care of your responsibilities? Or have you failed in your obligations, left behind a mess? Have you given enough back, or have you been a 'taker'? Are people glad to have had you in their lives?

Here's another way to think about it. Call it the 'conversation test'. Imagine sitting down with all those whose lives you've affected, including your children and grandchildren, and all those impacted by your lifestyle decisions. Would you be able to look them in the eye and honestly say that you treated them well enough, and with respect? That you were justified in the way you lived? You need not have an affirmative answer in every case—even the best of us fail to measure up at times. But you are not likely to feel you've made it come out even if you consistently fail the test. I suspect such questions will haunt many of my generation in coming decades, once the toll of today's wasteful habits has become all too apparent.

'Making it come out even' is a moral metric, not a measure of impacts. Perhaps some of the robber barons of the 19th century contributed more to the world than they took. Yet they may not have made it come out even if their gains were achieved through theft and brutality. Their moral balance sheets may decidedly have wound up in the red. On the flip side, extremely unlucky individuals may feel they've gotten a raw deal from society, and believe themselves entitled to even up the score by lashing out at others. But whether or not they received less than they gave to the world, this is not a plausible way to tilt the *moral* accounts in their favour. It is not a way to make it come out even. It simply makes things worse.

I had an uncle who was severely crippled for most of his life, requiring a great deal of care. He was a talented writer who earned some money publishing his work. But on the whole he may have received more, certainly in resources, than he was able to give. Yet by all accounts he made it come out even: he handled his situation with fortitude, wit, and a big heart, brought a great deal into many lives, and made them richer for it. Many people were glad, indeed felt privileged, to have him in their lives. And I suspect those who knew him would agree: he had a good life.

To make it come out even is to be able, when taking your dying breath, to honestly conclude that you've held up your end of things, done your part. And, on the whole, not regret the way you've treated others over the course of your life. We all have regrets about this or that thing we did wrong. But we can try to make amends, or do better elsewhere, so that, in the end, our balance sheets are in the black.

Conclusion

Summing up: Engage yourself with meaningful activities that interest you, but don't overdo it and forget to relax. Make time for the people you love. Keep a lid on your debts. And make it come out even.

And, I would add: make it easy for yourself to do these things by putting yourself in a context where they tend to come naturally. Surround yourself with good people who seem to you to have their priorities straight. Avoid careers that will put you in bad company. If most folks around you aren't doing a very good job of it, you'll find the going a lot harder.

Suppose, then, that you live as wisely as can reasonably be expected. Will you be happy? Maybe, but that's only partly in your control. But the chances are excellent that you'll have a life well-lived, and well worth living. A good life.

> Just being alive, having a wonderful family, good friends, watching the sunrise morning after morning—that's what makes me feel good. I think people take their lives for granted. Some just haven't hit that part of their lives where they stop and say, 'I am such a lucky person to have the life that I have'.
>
> Sgt. Michael A. DiRaimondo, in a letter home from Iraq, shortly before being killed in action

References and further reading

The chapter references are listed in their order of appearance within each chapter.

Chapter 1: A remarkable fact

Carol Graham, *Happiness Around the World: The Paradox of Happy Peasants and Miserable Millionaires* (Oxford University Press, 2009).

Table 1 is from W. Tov and E. Diener, 'Culture and Subjective Well-being', in S. Kitayama and D. Cohen, eds, *Handbook of Cultural Psychology* (Guilford Press, 2007), pp. 691–713.

'To date the best international study…' *Gallup Global Wellbeing: The Behavioral Economics of GDP Growth* (2010). Accessed 12 December 2012 at <http://www.gallup.com/poll/126965/gallup-global-wellbeing.aspx>.

Daniel L. Everett, *Don't Sleep, There are Snakes: Life and Language in the Amazonian Jungle* (Random House, 2009).

Further reading

For an optimistic view of human life today, see Charles Kenny, *Getting Better: Why Global Development Is Succeeding—And How We Can Improve the World Even More* (Basic Books, 2011). On quality of life in small-scale societies, see Robert Biswas-Diener, Joar Vittersø, and Ed Diener, 'Most People are Pretty Happy, but There is Cultural Variation: The Inughuit, the Amish, and the Maasai', *The Journal of Happiness Studies*, 6/3 (2005), 205–26; Daniel

Everett, *Don't Sleep, There are Snakes: Life and Language in the Amazonian Jungle* (Random House, 2009); Robert B. Edgerton, *Sick Societies: Challenging the Myth of Primitive Harmony* (Free Press, 1992).

For brief reviews of how philosophers and other researchers think about happiness and well-being, see the *Stanford Encyclopedia of Philosophy* entries on these topics, at: <http://plato.stanford.edu/entries/happiness/>, and <http://plato.stanford.edu/entries/well-being/>. An accessible recent book is Sissela Bok, *Exploring Happiness: From Aristotle to Brain Science* (Yale University Press, 2010). For a highly readable history of Western thought about happiness in the 'well-being' sense, see Darrin M. McMahon, *Happiness: A History* (Atlantic Monthly Press, 2005).

For discussion of happiness as a social concern, see Richard Layard, *Happiness: Lessons from a New Science* (Penguin, 2005); Derek Bok, *The Politics of Happiness: What Government Can Learn from the New Research on Well-Being* (Princeton, 2010); Neil Thin, *Social Happiness: Evidence and Arguments for Collective Life Improvement* (Policy Press, 2012).

Chapter 2: What is happiness?

The quote is from an unpublished manuscript, excerpts of which appeared in 'Once Upon an Island', *The Gamut*, 33 (1991), 5–21.

'a lasting mark on your genes...': Marilyn J. Essex et al., 'Epigenetic Vestiges of Early Developmental Adversity: Childhood Stress Exposure and DNA Methylation in Adolescence', *Child Development* (2011), 1–18; S. G. Matthews and D. I. W. Phillips, 'Minireview: Transgenerational Inheritance of the Stress Response: A New Frontier in Stress Research', *Endocrinology*, 151/1 (2009), 7–13.

Further reading

This chapter is largely based on my *The Pursuit of Unhappiness: The Elusive Psychology of Well-Being* (Oxford University Press, 2008), which is less accessible but explores the issues in greater depth, including an extended argument against the hedonistic account of happiness. Some of the material in this chapter originally appeared there. A similar view of happiness appears in Matthieu Ricard's highly accessible *Happiness: A Guide to Developing Life's Most Important Skill* (Little, Brown and Co., 2006); the quoted passages appear on pp. 18–19. The notion of flow is discussed in Mihaly Csikszentmihalyi, *Flow: The Psychology of Optimum Experience* (Harper & Row, 1990).

The other two main scholarly books on happiness from contemporary philosophy are: L. W. Sumner, *Welfare, Happiness, and Ethics* (Oxford, 1996), 239; Fred Feldman, *What Is This Thing Called Happiness?* (Oxford, 2010). These three books span the three main views of happiness.

Chapter 3: Life satisfaction

The Moreese Bickham quotes hail from Kevin Sack, 'After 37 Years in Prison, Inmate Tastes Freedom', *The New York Times* (11 January 1996); Michelle Locke, 'Convict Returns to Different World After 37 Years', *The Seattle Times* (31 March 1996); Gene Mustain, 'He Savors Freedom After 38 Years', *New York Daily News* (14 January 1996). This example has also been used by Daniel Gilbert, *Stumbling on Happiness* (Knopf, 2006).

Ray Monk, *Ludwig Wittgenstein: The Duty of Genius* (Penguin, 1990), 579.

'. . . the 6-7 per cent of respondents . . .': Wolfgang Glatzer, 'Quality of Life in Advanced Industrialized Countries: The Case of West Germany', in F. Strack, M. Argyle, and N. Schwarz, eds, *Subjective Well-Being: An Interdisciplinary Perspective* (Pergamon Press, 1991), pp. 261–79.

Satisfaction in Calcutta: Robert Biswas-Diener and Ed Diener, 'Making the Best of a Bad Situation: Satisfaction in the Slums of Calcutta', *Social Indicators Research*, 55/3 (2001), 329–52.

'studies of Germans and Britons . . .': R. E. Lucas, 'Adaptation and the Set-Point Model of Subjective Well-Being: Does Happiness Change After Major Life Events?', *Current Directions in Psychological Science*, 16/2 (2007), 75–9.

The Egyptian quotes: Solava Ibrahim, 'A Comparative Analysis of Wellbeing Perceptions and Aspirations in Egypt and the UK', DSA 2012 Conference, 3 November 2012.

Indian health satisfaction: Amartya Sen, *The Idea of Justice* (Harvard University Press, 2009).

The dialysis and colostomy studies: Peter A. Ubel and George Loewenstein, 'Pain and Suffering Awards: They Shouldn't Be (Just) about Pain and Suffering', *The Journal of Legal Studies*, 37/s2 (2008), S195–S216.

Further reading

I discuss the problems for life satisfaction in much greater detail in *The Pursuit of Unhappiness*. An important defence of life satisfaction theories of happiness appears in L. W. Sumner, *Welfare, Happiness, and Ethics* (Oxford, 1996). Life satisfaction measures are defended in Ed Diener, Ronald Inglehart, and Louis Tay, 'Theory and Validity of Life Satisfaction Scales', *Social Indicators Research* (2012). The main critiques of life satisfaction covered in this chapter have only appeared in the last several years, so it is not yet clear how that debate will shape up over the long haul.

Chapter 4: Measuring happiness

Hemingway quote: Ernest Hemingway, *The Garden of Eden* (Simon and Schuster, 1995), p. 86.

'tend to track the sorts...': William Pavot, 'The Assessment of Subjective Well-Being: Successes and Shortfalls', in Michael Eid and Randy J. Larsen, eds, *The Science of Subjective Well-Being* (Guilford Press, 2008), pp. 124–40.

'...a 3:1 ratio of positive...': Barbara L. Fredrickson and Marcial F. Losada, 'Positive Affect and the Complex Dynamics of Human Flourishing', *American Psychologist*, 60/7 (2005), 678–86.

'A study of Germans...': Hermann Brandstatter, 'Emotions in Everyday Life Situations: Time Sampling of Subjective Experience', in F. Strack, M. Argyle, and N. Schwarz, eds, *Subjective Well-Being: An Interdisciplinary Perspective* (Pergamon Press, 1991), pp. 173–92.

'...oft-cited 1976 study of Americans': F. M. Andrews and S. B. Withey, *Social Indicators of Well-Being* (Plenum Press, 1976).

'...2007 Gallup poll...': 'Most Americans "Very Satisfied" with their Personal Lives', 31 December 2007, from Gallup, Inc.

World Values Survey: Ronald Inglehart and Hans-Dieter Klingemann, 'Genes, Culture, Democracy, and Happiness', in Ed Diener and Eunkook M. Suh, eds, *Culture and Subjective Well-Being* (MIT Press, 2000), pp. 165–83. More recent data, from 2005–8, are not much different, and can be viewed online at <http://www.worldvaluessurvey.org>.

'incarcerated...': Lauren E. Glaze, 'Correctional Populations in the United States, 2010' (US Department of Justice, Bureau of Justice Statistics, 2011), pp. 1–10.

'...rate of major depression': reported to be about 5 per cent in Maurice M. Ohayon, 'Epidemiology of Depression and its Treatment in the General Population', *Journal of Psychiatric Research*, 41/3–4 (2007), 207–13. See also Ronald C. Kessler et al., 'Impairment in Pure and Comorbid Generalized Anxiety Disorder and Major Depression at 12 Months in Two National Surveys', *American Journal of Psychiatry*, 156/12 (1999), 1915–23.

'...either major depression or a generalized anxiety disorder': Ronald C. Kessler et al., 'Prevalence, Severity, and Comorbidity of 12-Month DSM-IV Disorders in the National Comorbidity Survey Replication', *Archives of General Psychiatry*, 62/6 (2005), 617–27. For further discussion, see my *The Pursuit of Unhappiness: The Elusive Psychology of Well-Being* (Oxford University Press, 2008).

'took antidepressants...': 'F.D.A. Expands Suicide Warning on Drugs', *The New York Times*, 3 May 2007.

'report feeling sad...': See e.g. *The Gallup-Healthways Monthly U.S. Well-Being Report*, December 2011; 'Americans' Emotional Health Reaches Four-Year High' (10 May 2012). Both available online at <http://www.gallup.com>.

'extreme levels of stress': *Stress in America* (The American Psychological Association, 2007).

Chronic insomnia: Nancy J. Pearson, Laura Lee Johnson, and Richard L. Nahin, 'Insomnia, Trouble Sleeping, and Complementary and Alternative Medicine: Analysis of the 2002 National Health Interview Survey Data', *Archives of Internal Medicine*, 166 (18 September 2006), 1775–82.

Confidants: Miller McPherson, Matthew E. Brashears, and Lynn Smith-Lovin, 'Social Isolation in America: Changes in Core Discussion Networks over Two Decades', *American Sociological Review*, 71/3 (2006), 353–75.

'feel sufficiently isolated...': John T. Cacioppo and William Patrick, *Loneliness: Human Nature and the Need for Social Connection* (W. W. Norton, 2009).

'...attempted suicide': David J. Drum et al., 'New Data on the Nature of Suicidal Crises in College Students: Shifting the Paradigm',

Professional Psychology: Research and Practice, 40/3 (2009), 213–22.
'A study of tenth grade girls...': Suniya S. Luthar and Bronwyn E. Becker, 'Privileged but Pressured? A Study of Affluent Youth', *Child Development*, 73/5 (2002), 1593–610.
'self-injury': Elizabeth E. Lloyd-Richardson et al., 'Characteristics and Functions of Non-suicidal Self-injury in a Community Sample of Adolescents', *Psychological Medicine*, 37/08 (2007), 1183; Janis Whitlock, John Eckenrode, and Daniel Silverman, 'Self-injurious Behaviors in a College Population', *Pediatrics*, 117 (2006), 1939–48.
'...make themselves vomit': Yiing Mei Liou et al., 'Prevalence and Correlates of Self-induced Vomiting as Weight-control Strategy among Adolescents in Taiwan', *Journal of Clinical Nursing*, 21/1-2 (2011), 11–20.
'positive illusions': Shelley E. Taylor and Jonathan D. Brown, 'Illusion and Well-Being: A Social-Psychological Perspective on Mental Health', *Psychological Bulletin*, 103 (1988), 193–210.

Further reading

An excellent survey of the current state of happiness research, including applications to policy, is John Helliwell, Richard Layard, and Jeffrey Sachs, *World Happiness Report* (The Earth Institute, 2012), pp. 1–158, available as a free download.
Accessible books surveying the science of happiness include Daniel Nettle, *Happiness: The Science Behind Your Smile* (Oxford, 2005); Richard Layard, *Happiness: Lessons from a New Science* (Penguin, 2005); Ed Diener and Robert Biswas-Diener, *Happiness: Unlocking the Mysteries of Psychological Wealth* (Blackwell, 2008).
Most of the research cited in this chapter is discussed in my *The Pursuit of Unhappiness: The Elusive Psychology of Well-Being*, from which some passages were adapted.

Chapter 5: The sources of happiness

'In one paper on the heritability...': David Lykken and Auke Tellegen, 'Happiness is a Stochastic Phenomenon', *Psychological Science*, 7/3 (1996), 186–9.
'men in the Netherlands...': R. W. Fogel, 'Changes in the Disparities in Chronic Diseases During the Course of the 20th Century',

Perspectives in Biology and Medicine, 48/1 Supplement (2005), S150–S65.
Robert Kenny quote: Graeme Wood, 'The Secret Fears of the Super-Rich', *The Atlantic Monthly* (April 2011).
'... Department of Justice reports ...': David Finkelhor et al., 'Nonfamily Abducted Children: National Estimates and Characteristics', US Department of Justice Office of Juvenile Justice and Delinquency Prevention, *NISMART* (October 2002).
'horses ...': D. M. Bixby-Hammett, 'Accidents in Equestrian Sports', *American Family Physician*, 36/3 (1987), 209–14. Cited in Raymond A. Cripps, 'Horse-related Injury in Australia', *Australian Injury Prevention Bulletin*, 24 (2000).
Bees, wasps, and hornets: R. L. Langley, 'Animal-related Fatalities in the United States—An Update', *Wilderness & Environmental Medicine*, 16/2 (2005), 67–74.
The falling and flu figures appear in D. Ropeik, *How Risky Is It, Really? Why Our Fears Don't Always Match the Facts* (McGraw-Hill, 2010).
The studies involving Ricard are discussed in Robert W. Levenson, Paul Ekman, and Matthieu Ricard, 'Meditation and the Startle Response: A Case Study', *Emotion*, 12/3 (2012), 650–58. The body temperature findings are summarized in W. J. Cromie, 'Meditation Changes Temperatures', *Harvard Gazette* (18 April 2002).
'people who care more about others ...': a good review appears in Sonia Lyubomirsky, *The How of Happiness* (Penguin, 2007).
'only dancing ...': Michael Argyle, 'Causes and Correlates of Happiness', in Daniel Kahneman, Ed Diener, and Norbert Schwarz, eds, *Well-Being: The Foundations of Hedonic Psychology* (Russell Sage Foundation, 1999), pp. 3–25.
'spending money on others ...': E. W. Dunn, L. B. Aknin, and M. I. Norton, 'Spending Money on Others Promotes Happiness', *Science*, 319/5870 (2008), 1687–88.
'materialistic values ...': Tim Kasser, *The High Price of Materialism* (MIT Press, 2002). The distinction between intrinsic and extrinsic motivation is somewhat problematic, but the general point here should be clear enough.
Quote: Tepilit Ole Saitoti, *The Worlds of a Maasai Warrior: An Autobiography* (University of California Press, 1986), p. 82.
Control: for an accessible discussion with references, see Daniel Gilbert, *Stumbling on Happiness* (Knopf, 2006).

'the costs of choice...': Barry Schwartz, 'Self-Determination: The Tyranny of Freedom', *American Psychologist*, 55/1 (2000), 79–88; *The Paradox of Choice* (HarperCollins, 2004).

'Parts of Southeast Asia': Robert Wolff, *What It Is to Be Human* (Periwinkle Press, 1994).

'most recent World Values Survey': R. Inglehart et al., 'Development, Freedom, and Rising Happiness: A Global Perspective (1981–2007)', *Perspectives on Psychological Science*, 3/4 (2008), 264–85.

'one of the better predictors of happiness and satisfaction': One recent paper claims it to be the *strongest* predictor: Paolo Verme, 'Happiness, Freedom and Control', *Journal of Economic Behavior & Organization*, 71/2 (2009), 146–61.

'study of highly happy individuals...': Ed Diener and Martin E. Seligman, 'Very Happy People', *Psychological Science*, 13/1 (2002), 81–84.

'Psychologists Ed Diener and Robert Biswas-Diener...': E. Diener and R. Biswas-Diener, *Happiness: Unlocking the Mysteries of Psychological Wealth* (Blackwell, 2008).

'measures of trust correlate...': John F. Helliwell and Robert Putnam, 'The Social Context of Well-Being', *Philosophical Transactions of the Royal Society*, 359/1449 (2004), 1435–46.

'Studies that track...': E. Diener and R. Biswas-Diener, *Happiness: Unlocking the Mysteries of Psychological Wealth* (Blackwell, 2008).

'Watching television...': Daniel Kahneman et al., 'A Survey Method for Characterizing Daily Life Experience: The Day Reconstruction Method', *Science*, 306/5702 (December 2004), 1776–80.

'The state of flow...': Mihaly Csikszentmihalyi, *Flow: The Psychology of Optimum Experience* (Harper & Row, 1990).

'...as worthwhile or meaningful': See the papers collected in Alan Waterman, ed., *The Best Within Us: Positive Psychology Perspectives on Eudaimonic Functioning* (American Psychological Association, 2013). Most research focuses on a general sense of meaning or purpose in life rather than the experienced meaningfulness of one's activities, so while the benefits of meaningful activity are widely affirmed, the evidence is largely indirect. A promising new approach appears in Mathew P. White and Paul Dolan, 'Accounting for the Richness of Daily Activities', *Psychological Science*, 20/8 (2009), 1000–08. Note that meaningful activity need not be pleasant at the time to contribute to happiness over the long haul.

'nature has a remarkably powerful impact...': for references, see my 'Central Park: Nature, Context, and Human Wellbeing', *International Journal of Wellbeing*, 1/2 (2011), 235–54. A highly readable discussion is Richard Louv, *Last Child in the Woods: Saving our Children from Nature-deficit Disorder* (Algonquin Books, 2008).

'James Martin': James Martin, *In Good Company: The Fast Track from the Corporate World to Poverty, Chastity, and Obedience* (Sheed & Ward, 2000).

'until about $75,000': D. Kahneman and A. Deaton, 'High Income Improves Evaluation of Life but Not Emotional Well-being', *Proceedings of the National Academy of Sciences*, 107/38 (2010), 16489–93.

'Monterrey, Mexico...': Nicole Fuentes and Mariano Rojas, 'Economic Theory and Subjective Well-being: Mexico', *Social Indicators Research*, 53/3 (2001), 289–314.

'Looking worldwide...': Ed Diener et al., 'Wealth and Happiness across the World: Material Prosperity Predicts Life Evaluation, Whereas Psychosocial Prosperity Predicts Positive Feeling', *Journal of Personality and Social Psychology*, 99/1 (2010), 52–61.

'Once you control...': John Helliwell, Richard Layard, and Jeffrey Sachs, 'World Happiness Report' (The Earth Institute, 2012), pp. 1–158.

'building a better society...': see, for example, Richard Layard, *Happiness: Lessons from a New Science* (Penguin, 2005); Derek Bok, *The Politics of Happiness: What Government Can Learn from the New Research on Well-Being* (Princeton, 2010).

Further reading

Accessible discussions of the sources of happiness can be found in the references recommended in Chapter 4. Good sources on methods for becoming happier include Mihaly Csikszentmihalyi, *Flow: The Psychology of Optimum Experience* (Harper & Row, 1990); Martin Seligman, *Flourish: A Visionary New Understanding of Happiness and Well-being* (Simon & Schuster, 2011); Sonia Lyubomirsky, *The How of Happiness* (Penguin, 2007); Daniel Gilbert, *Stumbling on Happiness* (Knopf, 2006); and Matthieu Ricard, *Happiness: A Guide to Developing Life's Most Important Skill* (Little, Brown and Co., 2006).

For a discussion of the 'basic needs' view on which the SOARS model is partly based, including references on autonomy, relationships, and skilled activity (competence), see Richard M. Ryan, Randall Curren, and Edward L. Deci, 'What Humans Need: Flourishing in Aristotelian Philosophy and Self-Determination Theory', in Alan Waterman, ed., *The Best Within Us: Positive Psychology Perspectives on Eudaimonia* (American Psychological Association, 2013).

Chapter 6: Beyond happiness: well-being

'Nozick first proposed...': Robert Nozick, *Anarchy, State, and Utopia* (Basic Books, 1974).

'study spanning ten countries...': Christopher Y. Olivola et al., 'Reality Does Not Bite' (Unpublished manuscript).

'grass-counter...': John Rawls, *A Theory of Justice* (Harvard University Press, 1971).

'eudaimonic psychology': for a review, see Alan Waterman, ed., *The Best Within Us: Positive Psychology Perspectives on Eudaimonic Functioning* (American Psychological Association, 2013).

'Sumner may have pointed...': L. W. Sumner, *Welfare, Happiness, and Ethics* (Oxford, 1996).

Further reading

The philosophical literature on well-being is tough going for the non-academic reader. The best and most accessible brief overview is the well-being entry in the *Stanford Encyclopedia of Philosophy* at: <http://plato.stanford.edu/entries/well-being/>.

Probably the most accessible book offering a comprehensive discussion of well-being, and defending the authentic happiness view, is L. W. Sumner, *Welfare, Happiness, and Ethics* (Oxford, 1996), p. 239. A recent defence of hedonism appears in Roger Crisp, *Reasons and the Good* (Oxford, 2006). For an Aristotelian perspective, see Richard Kraut, *What is Good and Why* (Harvard University Press, 2007). A sophisticated version of the desire theory is defended in James Griffin, *Well-Being: Its Meaning, Measurement, and Moral Importance* (Clarendon Press, 1986). For a survey of ancient thinking about well-being (using the word 'happiness'), see Julia Annas, *The Morality of Happiness* (Oxford, 1993).

Chapter 7: Getting outside oneself: virtue and meaning

'parents seem not to be happier...': For an accessible review, see Daniel Gilbert, *Stumbling on Happiness* (Knopf, 2006).

'some researchers claim...': S. K. Nelson et al., 'In Defense of Parenthood: Children Are Associated With More Joy Than Misery', *Psychological Science*, 24/1 (2013), 3–10.

'France found it to be...': Alan Krueger et al., 'Time Use and Subjective Well-Being in France and the US', *Social Indicators Research*, 93 (2009), 7–18.

'having merit or worth...': My discussion of meaning is partly based on Stephen Darwall's 'Aristotelian Thesis' about well-being, discussed in *Welfare and Rational Care* (Princeton University Press, 2002).

'making our lives more meaningful...': Mathew P. White and Paul Dolan, 'Accounting for the Richness of Daily Activities', *Psychological Science*, 20/8 (2009), 1000–08. Dolan is developing a version of the idea that reward or meaning is a special kind of valuable experience.

'Susan Wolf...': Susan R. Wolf, *Meaning in Life and Why It Matters* (Princeton University Press, 2010).

'fruits of your labor...': Matthew B. Crawford, *Shop Class as Soulcraft: An Inquiry Into the Value of Work* (Penguin Press, 2009).

Further reading

An accessible and influential discussion of meaning appears in S. R. Wolf, *Meaning in Life and Why It Matters* (Princeton University Press, 2010). My work in this chapter has especially been influenced by Stephen Darwall, *Welfare and Rational Care* (Princeton University Press, 2002).

Chapter 8: A good life

I borrow the term 'justified affirmation' from Lynne McFall, *Happiness* (Peter Lang, 1989).

'negativity bias...': Roy F. Baumeister et al., 'Bad is Stronger than Good', *Review of General Psychology*, 5 (2001), 323–70.

'Someday, someday...': Sherry Turkle, 'The Flight from Conversation', *The New York Times* (21 April 2012).

'major employment study...': A. P. Carnevale, B. Cheah, and J. Strohl, 'Hard Times, College Majors, Unemployment and Earnings: Not All College Degrees Are Created Equal' (Georgetown University Center on Education and the Workforce, 2012).
'Laurie says Ravioli...': Adam Gopnik, 'Bumping Into Mr Ravioli', *The New Yorker* (30 September 2002), 80–84.
'Mexican businessman...': 'Jorge Sosa, Man of Two Cultures', <yucatanliving.com>, accessed 4 January 2013.
'An English nurse...': Susie Steiner, 'Top Five Regrets of the Dying', *The Guardian* (1 February 2012).
'financial planner...': Robert J. Sullivan, CFP, Co-Founder, Sullivan & Serwitz.
'focusing illusions': D. Kahneman, *Thinking, Fast and Slow* (Farrar, Straus and Giroux, 2011).
'most common regrets...': Daniel Gilbert, *Stumbling on Happiness* (Knopf, 2006).
'one of my father's essays: Ron Haybron, 'Making It Come Out Even', based on talks for the Hemlock and Unitarian Societies (1994).
'Sgt. Michael A. DiRaimondo...': 'The Things They Wrote', *The New York Times* (24 March 2004).

Further reading

For a accessible discussion of the good life, see Thomas Hurka, *The Best Things in Life: A Guide to What Really Matters* (Oxford University Press, 2010). For a more advanced but clearly written discussion, see Valerie Tiberius, *The Reflective Life: Living Wisely With Our Limits* (Oxford, 2008).

“牛津通识读本”已出书目

古典哲学的趣味
人生的意义
文学理论入门
大众经济学
历史之源
设计，无处不在
生活中的心理学
政治的历史与边界
哲学的思与惑
资本主义
美国总统制
海德格尔
我们时代的伦理学
卡夫卡是谁
考古学的过去与未来
天文学简史
社会学的意识
康德
尼采
亚里士多德的世界
西方艺术新论
全球化面面观
简明逻辑学
法哲学：价值与事实
政治哲学与幸福根基
选择理论
后殖民主义与世界格局

福柯
缤纷的语言学
达达和超现实主义
佛学概论
维特根斯坦与哲学
科学哲学
印度哲学祛魅
克尔凯郭尔
科学革命
广告
数学
叔本华
笛卡尔
基督教神学
犹太人与犹太教
现代日本
罗兰·巴特
马基雅维里
全球经济史
进化
性存在
量子理论
牛顿新传
国际移民
哈贝马斯
医学伦理
黑格尔

地球
记忆
法律
中国文学
托克维尔
休谟
分子
法国大革命
民族主义
科幻作品
罗素
美国政党与选举
美国最高法院
纪录片
大萧条与罗斯福新政
领导力
无神论
罗马共和国
美国国会
民主
英格兰文学
现代主义
网络
自闭症
德里达
浪漫主义
批判理论

德国文学
戏剧
腐败
医事法
癌症
植物
法语文学
微观经济学
湖泊
拜占庭
司法心理学
发展
农业
特洛伊战争
巴比伦尼亚
儿童心理学
时装
现代拉丁美洲文学
卢梭
隐私
电影音乐
抑郁症
传染病
希腊化时代
知识
环境伦理学
美国革命
元素周期表
人口学
电影
俄罗斯文学
古典文学
大数据
洛克
幸福
免疫系统
银行学
景观设计学
神圣罗马帝国
大流行病
亚历山大大帝
气候
第二次世界大战